D1705861

Visages - Projet de fin d'études de Stanka Pavlova, Esnam 2ᵉ promotion, 1993.

Cet ouvrage a été réalisé avec le soutien du
Conseil Régional de Champagne-Ardenne

© 2009 Éditions NOIRES TERRES
8, Place Hippolyte Noiret - 08390 Louvergny
E-mail : jmlecomte.lpa@wanadoo.fr
www.noires-terres.com

Droits de traduction et de reproduction réservés pour tous les pays. Toute reproduction, même partielle, de cet ouvrage est interdite. Une copie ou reproduction par quelque procédé que ce soit, photographies, microfilms, bandes magnétiques, disque ou autre, constitue une contrefaçon passible des peines prévues par la loi du 11 mars 1957 sur la protection des droits d'auteur.

Loi 49.956 du 16/7/1949
ISBN 978-2-915148-27-5
Distribution et diffusion SARL L.P.A.
8, Place Hippolyte Noiret - 08390 Louvergny
Tél. 03 24 71 98 98 - Fax 03 24 71 98 93
Impression : Chauveheid Stavelot (Belgique)
Dépôt légal : 3ᵉ trimestre 2009

Marionnettes
en Ardennes

Photographies:
Angel Garcia
Christophe Loiseau
Jean-Marie Lecomte

Textes:
Franz Bartelt
Emmanuelle Ebel
Alain Recoing

ÉDITIONS NOIRES TERRES

Avant-propos

Jacques FELIX qui nous a quitté en 2006 avait voulu le Festival Mondial des Théâtres de Marionnettes comme un croisement, une rencontre entre les marionnettistes et sa ville, notre ville de Charleville-Mézières. En 1961, date du premier festival, il pensait que cet art peu connu alors, trouverait sa place ici dans une rencontre improbable mais visionnaire entre les Ardennais et les artistes du monde entier. Il imaginait que ce serait pour tous une ouverture extraordinaire sur le monde, basée sur la reconnaissance du talent et de la créativité propre à chacun des artistes et des pays participants. Il croyait à cet échange, à cette rencontre entre les gens d'ici et le monde, à cette amitié, à ce partage autour des Arts de la marionnette.

Ce pari, grâce à l'enthousiasme de nombreux bénévoles, aux Ardennais qui ont logé dans leurs familles de nombreux marionnettistes, à l'appui des élus locaux qui lui ont fait confiance, il l'a concrétisé avec sa compagnie « Les Petits Comédiens de Chiffons » pendant les éditions successives du Festival.

Il est dit que l'on juge la qualité d'un arbre à ses fruits. Le renom du Festival a permis la création de l'Institut International de la Marionnette avec son centre de documentation, de recherche et de formation pour les professionnels de notre art et de l'Ecole Supérieure Nationale des Arts de la Marionnette, « ESNAM », qui forme les jeunes marionnettistes de demain, permettant ainsi à de nombreux artistes du monde entier, la possibilité de développer et de croiser leurs savoirs. Le Festival et ces pôles d'excellence ont donné à Charleville-Mézières le titre envié de « Capitale Mondiale de la Marionnette ». Cependant, ce livre montre aussi un autre aspect qui a fait le renom de notre manifestation. C'est cet engouement populaire pour les spectacles qui envahissent nos rues, permettant à tous de participer à la fête. Un juste équilibre entre un « IN » en salle défendant l'excellence et montrant les dernières évolutions de notre art et les nombreux spectacles dans le « OFF » et dans la rue permettant à tous de participer à la fête.

Dans l'esprit de son fondateur, il nous faut préserver ce lien vraiment unique qui lie les artistes marionnettistes du monde entier à notre Ville et aux Ardennes.

Jean-Luc FELIX
Président des Petits Comédiens de Chiffons

Indonésie. XIXᵉ siècle. Wayang Golek (marionnettes à tiges). *Personnage de Peturk, clown* - Collection IIM.

Festival Mondial des Théâtres de Marionnettes - Charleville-Mézières 2003.

Faire durer le plaisir

Les enfants naissent pour donner du temps à une histoire d'amour. Et de l'importance à l'extrême banalité de la vie. Les enfants naissent parce que l'homme, fût-il le plus pessimiste, estime que la vie vaut, malgré tout, d'être vécue.

Les marionnettes naissent comme les enfants. Pour la même raison. Donner du temps à ceux qui les font. Peut-être même pour les aider à se lancer à la conquête de l'éternité. En tout cas, pour faire durer le plaisir.

Parce que la vérité est là : nous existons depuis la nuit des temps pour faire durer le plaisir.

S'il en était autrement, il y a longtemps qu'il n'y aurait plus personne sur la terre.

Non seulement nous sommes tous là, parfaitement vivants et parfaitement décidés à faire durer le plaisir d'être vivant, de préférence en le partageant, mais nous nous sommes arrangés pour être, à l'heure de ce partage, plus nombreux que nous aurions dû l'être si nous nous étions contentés d'obéir aux lois comptables de la nature. La marionnette, en effet, agrandit le cercle de la famille humaine.

D'une certaine façon et jusqu'à un certain point, l'homme est fier de ses marionnettes comme il est fier de ses enfants.

C'est pourquoi il a à cœur de toujours leur offrir le meilleur. De ce fait, les marionnettes et les enfants fréquentent les mêmes écoles, reçoivent la même éducation, acquièrent la même culture. Ils ont les mêmes parents. C'est tellement vrai que la langue maternelle des marionnettes est aussi celle dans laquelle s'expriment les enfants de l'homme, l'homme lui-même, ses amis, ses voisins, ses semblables, presque tout le monde.

Pareillement, les souvenirs de la marionnette sont à la fois les souvenirs de l'homme et les souvenirs de l'enfant de l'homme. Tout ce que la marionnette raconte, l'enfant le raconte. Tout ce que l'enfant a appris, la marionnette le sait aussi. L'homme l'a raconté à l'enfant et il l'a raconté à la marionnette, en leur confiant à tous les deux la même mission : porter cette histoire plus loin. Autrement dit, faire durer le plaisir.

Contrairement à une idée scandaleusement répandue, la marionnette sera toujours beaucoup plus proche de l'homme que ne le sera jamais l'enfant. Car, un jour, l'enfant s'en va. Son rôle est de s'en aller. Le rôle de l'homme est de ne pas retenir l'enfant qui s'en va. Après lui avoir, bien entendu, donné tout ce qu'il faut pour partir.

La marionnette ne s'en va pas. Elle reste avec l'homme.
Peut-être parce qu'elle a besoin de l'homme pour vivre. L'homme aime beaucoup qu'on ait besoin de lui. C'est justement ce qui en fait l'égal des dieux.

Peut-être parce qu'elle fait partie de l'homme, comme un petit morceau de peau, un petit morceau de muscle, un petit morceau de nerf, un petit morceau d'âme. Et qu'il manquerait quelque chose de l'homme à l'homme si la marionnette venait à le quitter.

Peut-être parce qu'elle contient à la fois tout de l'enfant et tout de l'homme et qu'à l'intérieur d'elle il y a cette histoire qui unit l'homme et l'enfant, que la vie va séparer pour un temps, puis que le temps séparera pour de vrai, cette histoire que la marionnette raconte depuis des temps et des temps, et où les hommes dépendent les uns des autres, comme les marionnettes dépendent des hommes, pour que la vie ait toujours un pas d'avance sur le temps, et soit perpétuellement en mesure de faire durer le plaisir.

Franz Bartelt
2006

Le remède de polichinelle - Compagnie La Pendue - Festival Mondial des Théâtres de Marionnettes - Charleville-Mézières 2003.

Exposition *Hommage à Jacques Félix* par les Petits Comédiens de Chiffons.
Vitrine du Conseil Général des Ardennes - Festival Mondial des Théâtres de Marionnettes 2006.

Naissance du premier Festival
International des Théâtres de Marionnettes de Charleville-Mézières

Le premier signe contemporain de la présence des marionnettes à Charleville-Mézières se manifeste par la création de la compagnie des *Petits Comédiens de Chiffons*, à l'initiative de Jacques FÉLIX pendant la seconde guerre mondiale. Si mes souvenirs sont bons, cette activité était conçue dans le cadre du mouvement scout. Jacques FÉLIX lui assigna aussi un rôle occulte d'aide à des gens menacés de STO[1]. Geo CONDE, qui animait une activité de marionnettes à Nancy a été, semble-t-il, à l'origine du concept des marionnettes de cette compagnie.

À la sortie de la Seconde Guerre mondiale, le mouvement professionnel en France était au point mort, exception faite du *Syndicat des Casteliers parisiens*. Au lendemain de la guerre, marquée professionnellement par *Le Théâtre des Marionnettes à la française* de Gaston BATY et par les spectacles de marionnettes pour adultes dans les cabarets littéraires, notre génération – du moins les marionnettistes les plus actifs parmi nous, emmenés par deux créateurs exceptionnels, Yves JOLY et Georges LAFAYE – adhèrent à ce syndicat, puis le transforment en créant en 1956 le *Syndicat national des arts de la marionnette et de l'animation* qui rejoint la *Fédération Nationale du Spectacle*, nouant ainsi des liens avec toutes les professions du spectacle vivant.

Ce mouvement professionnel militant et artistiquement reconnu va avoir son importance dans la création du premier Festival des théâtres de marionnettes de Charleville-Mézières. En effet, à partir de 1956, il œuvre pour sensibiliser le secrétariat d'État aux Arts et aux Lettres puis, à partir de 1958, le ministère de la Culture, aux problèmes de la création artistique et du statut des marionnettistes professionnels. Cet activisme aboutit en 1959 à l'ouverture historique par André MALRAUX du *Théâtre des Nations* à une programmation de spectacles de marionnettes. Douze compagnies françaises et trois compagnies étrangères furent programmées. La presse en rendit compte. Nous sortions de l'anonymat.

Parallèlement à cet évènement, le syndicat dont le Président était Yves JOLY (qui vient de fêter son centenaire) convoqua le premier congrès national des marionnettistes professionnels reçu au palais de Chaillot, alors siège du *musée des Arts et Traditions populaires*, par Georges Henri RIVIÈRE, directeur des Musées nationaux. Le congrès, ouvert par le président du SFA[2] marquant ainsi la reconnaissance des arts de la marionnettes par le monde du spectacle, réalisa le premier document concernant le projet d'un théâtre national de la marionnette et celui concernant l'analyse de la profession sur la nécessité d'une formation professionnelle rigoureuse au regard de l'évolution contemporaine de la recherche théâtrale et des arts du spectacle. L'autre volet fut d'imaginer comment prolonger l'évènement historique du *Théâtre des Nations* pour être mieux perçu par nos tutelles, par la presse et par l'opinion publique. Jacques FÉLIX était présent à ce congrès. Bien que marionnettiste amateur au sens noble du terme, sa personnalité et la reconnaissance par les marionnettistes de son rôle pour la défense des arts de la marionnette l'avaient fait inviter à nos débats. Il proposa alors de créer un festival pour nos théâtres à Charleville-Mézières. Le congrès lui donna carte blanche pour cette mission.

---

1. STO : Service du travail obligatoire instauré par l'occupant pendant la guerre 1939-1945.

2. SFA : Syndicat français des artistes interprètes.

Festival Mondial des Théâtres de Marionnettes - Charleville-Mézières 1988.

Dès lors, le syndicat fut à ses côtés pour lui donner toutes les informations dont il pouvait avoir besoin pour l'organisation de ce festival sur le plan de nos tutelles, des instances parisiennes et du milieu professionnel que nous nous chargions d'alerter. Grâce aux contacts pris ultérieurement avec le ministère de la Culture, nous avons obtenu la présence au festival de Pierre-Aymé TOUCHARD, seul inspecteur général des spectacles à cette époque, vieil ami de Gaston BATY, que j'avais connu lorsqu'il venait assister à nos répétitions dans l'atelier de la rue Notre-Dame-des-Champs et qui était acquis à l'art de marionnettes. Vint aussi Georges-Henri RIVIÈRE, très sensible lui aussi à notre art, en particulier dans le cadre du *musée des Arts et des Traditions populaires*. Il avait reçu à Chaillot la compagnie des *Petits Comédiens de Chiffons* qui y avait présenté plusieurs de ses spectacles.

La personnalité au plan local de Jacques FÉLIX, son charisme, son sens de l'organisation et de l'action culturelle, ses amitiés avec le milieu professionnel en ont fait sans conteste le fondateur du festival. Mais cette première édition, qui accueillait d'ailleurs notre deuxième congrès, a été réalisée en collaboration étroite avec le syndicat, ce que Jacques FÉLIX ne manquait jamais de rappeler. Ce premier festival, modeste, comportait, si mes souvenirs sont bons, une dizaine de compagnies françaises et quelques compagnies étrangères. Il faudrait vérifier le programme d'alors. Soutenu par le maire socialiste André LEBON, cette première édition eut un très grand succès public. Sans gros moyens, Jacques FÉLIX sut fédérer le dévouement bénévole des *Petits Comédiens de Chiffons* et entraîner la population locale dans l'accueil et le logement des marionnettistes, mouvement d'accueil chaleureux qui s'est perpétué jusqu'à nos jours à travers les générations, d'où sont nées parfois de solides amitiés, incluant ainsi étroitement la population dans le festival, l'une des sources de son succès.

Devant ce succès, Jacques FÉLIX décida d'en faire une manifestation triennale. Les perspectives de ces futures éditions furent considérablement élargies par le renouveau artistique en France et dans le monde et par les relations et la communication internationales développées par l'Union internationale de la marionnette *(UNIMA[3])*

---

3. *UNIMA : Union international de la marionnette.*

qui devait donner lieu dans les années soixante à la création de sections nationales, dont *UNIMA-France*. Fondée en 1929, occultée pendant la Seconde Guerre mondiale, l'association tint le congrès du renouveau en 1958, à l'occasion du premier festival international de Bucarest où les marionnettistes français, Yves JOLY et André TAHON, remportèrent chacun une médaille d'or et purent témoigner de l'importance, pour la création artistique, de ce festival organisé par Magareta NICULESCU, brillante metteur en scène et directrice du théâtre de marionnettes d'État, le *Tandarica*. Cinquante pays environ y étaient représentés par leurs créations. Ils donneront un échantillonnage remarquable des marionnettes contemporaines et traditionnelles. L'organisation du festival de Charleville-Mézières fut sensible à cet exemple et aux perspectives de développement qu'il offrait. L'édition de 1972 revêtit véritablement l'aspect d'un Festival mondial, couplé avec le congrès de l'*UNIMA*. M. LECAT, pour le ministère de la Culture, assista pour la première fois officiellement à son inauguration. La plupart des ministres qui se succédèrent assistèrent aux inaugurations des éditions suivantes.

Le rayonnement du Festival de Charleville-Mézières allait concrétiser son importance pour les marionnettistes français. Outre notre deuxième congrès de 1961, Jacques FÉLIX, à partir de l'édition de 1976, accueillit dans le cadre du festival le Centre national des Marionnettes *(CNM)* fondé en 1970 avec l'aval du ministère de la Culture. Le *CNM* représentait aux côtés d'*UNIMA-France* une force importante pour l'évolution des Arts de la Marionnette. Le ministère l'a considéré à cette époque comme l'un de ses interlocuteurs privilégiés dans ce domaine. Les assises du *CNM* en 1976 don-

Festival Mondial des Théâtres de Marionnettes - Charleville-Mézières 2003.

Parade finale - Festival Mondial des Théâtres de Marionnettes - Charleville-Mézières 2000.

nèrent naissance, à l'exemple de Charleville-Mézières, sur la proposition d'André POMARAT, directeur du Théâtre Jeune Public à Strasbourg, aux *Giboulées de la marionnettes*, nouveau Festival qui a fêté cette année son trentième anniversaire, donnant à nos créations une nouvelle visibilité.

Au festival In s'adjoignit dans les années 80, me semble-t-il, un festival Off, à l'instar d'Avignon, transformant la manifestation en une fête populaire immense dans les rues de Charleville-Mézières. Entre 90 000 et 100 000 spectateurs, en majorité locaux et internationaux, ont été recensés pendant ces dix jours. France 3 et France Culture en rendent compte. Après un premier mouvement de curiosité, peut-être aussi découragée par une organisation pour la presse un peu défaillante, la presse nationale s'est faite discrète jusqu'à ces dernières éditions où elle semble avoir repris conscience de son devoir d'information.

Ce prodigieux développement du Festival n'a pas toujours évité les aléas d'une crise de croissance. En dehors de la rue, où l'on peut voir parfois des performances remarquables, Charleville-Mézières, malgré le soutien et les efforts fidèles de sa municipalité et de ses employés municipaux, ne possède pas en nombre suffisant, par rapport à l'ampleur des programmations, des lieux suffisamment équipés techniquement pour répondre aux exigences de la création contemporaine et pour accueillir des manifestations de cette ampleur. Des problèmes ont émergé concernant l'accueil des compagnies, la communication et les relations avec la presse nationale, et la complexité grandissante de la gestion administrative des contrats et de la billetterie. La question s'est posée, en particulier aux niveau des marionnettistes professionnels, si une telle manifestation pouvait reposer pour l'essentiel sur la générosité et le bénévolat.

Immobilité - Solo de Clea Minaker, École Nationale Supérieure des Arts de la Marionnette (Esnam) 6ᵉ promotion, 2005.

Un autre aspect posa question, du moins pour les marionnettistes français qui avaient soutenu la création du Festival. Ils le concevaient comme une vitrine d'excellence démonstrative de la maturité des Arts de la marionnette dans la création théâtrale contemporaine. Le Festival In devait représenter à leurs yeux le meilleur des créations traditionnelles et contemporaines, tant au niveau national qu'international. Ce qui ne fut pas toujours le cas. On vit diminuer considérablement la présence des diffuseurs, pour qui, dans ses débuts le Festival représentait une garantie artistique dans leur choix de programmation. Et le Festival Off, où tout un chacun peut présenter ses spectacles donnait parfois une image très négative de l'art des marionnettes. Dans les années 80/90, à plusieurs reprises, dans les interviews que la presse locale me demandait, j'ai été amené, à titre personnel et comme président du *CNM* représentant le milieu professionnel, à faire certaines critiques qui me valurent bien des levées de bouclier de la part de l'équipe locale organisatrice. Je ne fus pas le seul. À ces critiques, Jacques FÉLIX, toujours généreux et qui ne savait pas dire non à certaines sollicitation des artistes, répondait que le Festival était une fête populaire ouverte à tous, où tout le monde avait le droit de s'exprimer. Il s'agissait de deux cultures, source de ces divergences : l'une d'une fête populaire conçue comme une animation culturelle sans frontières ; l'autre comme une manifestation devant soutenir, auprès de l'opinion publique et des tutelles, les perspectives convaincantes de la renaissance et de l'adéquation dans le théâtre contemporain des arts de la marionnette. Malgré ces divergences, parfois fermement exprimées de part et d'autre, notre amitié ne fut jamais remise en question. Nous avions conscience, les uns et les autres, que ce Festival restait une manifestation incontournable au service des Arts de la marionnette. La disparition de Jacques FÉLIX amènera sans doute, à travers la nouvelle direction professionnelle nommée, une évolution. Mais Jean-Luc FÉLIX, qui a pris la présidence des *Petits Comédiens de Chiffons,* saura assurer la continuité de l'esprit de cette manifestation.

Jacques FÉLIX - Fondateur du Festival Mondial des Théâtres de Marionnettes.

Le Festival de Charleville-Mézières eut une autre conséquence essentielle. L'opinion internationale s'est focalisée sur son rayonnement. Le comité international de l'UNIMA a travaillé à un projet d'Institut international qu'il situait volontiers à Charleville-Mézières, d'autant que Jacques FÉLIX allait devenir le secrétaire général de *l'UNIMA internationale*. Ce projet qui devait recevoir l'aval et l'aide du ministère de la Culture avait peine à se réaliser, le ministère semblant réticent. Le soutien de la municipalité de Charleville-Mézières et la venue au Festival de 1979 de Mme GISCARD d'ESTAING, première Dame de France, enthousiasmée par la manifestation, peut conforter l'hypothèse qu'elle a appuyé ce projet devenu officiel un an plus tard.

Institut, *UNIMA* et *CNM* constituaient un partenariat qui signait la renaissance et la reconnaissance des Arts de marionnettes en France et dans le monde. Toutefois, sans que nous nous en rendions compte, la situation était loin d'être acquise pour *l'Institut*. 1981 marque un changement politique et une redistribution des responsables aux différents échelons du ministère. Si les compagnies professionnelles connurent une avancée significative de leur situation par la mise hors commission de 12 d'entre elles et la mise en commission de 22 autres, ce qui les mettait au niveau statutaire des compagnies d'acteurs, les actions de *l'Institut*, dirigé à sa naissance par François LAROSE qui avait été secrétaire général *d'UNIMA-France* et que Jacques FÉLIX avait appelé à ce poste, ne semblait pas correspondre au concept que s'en faisait le ministère dirigé par Jack LANG.

En 1982, une commission paritaire réévalua le bien-fondé des actions du *CNM*. Et au Festival d'Avignon de cette année, Robert ABIRACHED, alors directeur du théâtre et des spectacles, avec lequel nous avions une relation de confiance, me demandait, s'adressant au

Institut International de la Marionnette (IIM) - Charleville-Mézières.

président du *CNM*, que faire de l'*Institut*. « Je ne suis pas fait pour subventionner une M.J.C. de province. » Telle était, à tort ou à raison, son estimation des activités de l'*Institut*. Je lui demandai de ne pas supprimer la seule structure officielle au service des arts de la marionnette. Que faire ? Sur son insistance, je lui conseillai de nommer une grande personnalité artistique internationale, ce qui me semblait correspondre aux missions de l'*Institut* et au point de vue éventuel de Jack LANG. Il avait dirigé le *Festival de Nancy* où il avait accueilli Michaël MESCHKE et Peter SCHUMANN qui lui avaient permis de prendre conscience de la création des marionnettes dans le monde, loin des stéréotypes qui régnaient encore en France. Robert ABIRACHED insista et me demanda des noms : Qui ? Je lui suggérai celui de Margareta NICULESCU et celui d'Henrik JURKOWSKI, tous deux parlant français couramment et tous deux reconnus par le milieu professionnel français, ce qui me semblait important. Je lui dis ma préférence pour Magareta NICULESCU, organisatrice des trois Festivals mondiaux de Bucarest, directrice du théâtre *Tandarica* et metteur en scène dont les spectacles en tournée en France avaient recueilli la reconnaissance et l'accueil enthousiaste des publics et des marionnettistes.

La même année, au Festival de Charleville-Mézières en septembre, au cours d'un tête à tête, j'alertais Jacques FÉLIX sur les dangers de disparition que courait l'Institut et je lui faisais part du contenu de mon entretien avec Robert ABIRACHED et des noms que j'avais proposés.

La nomination de Margareta NICULESCU a ouvert une ère nouvelle. Le reste, on le connaît. L'œuvre accomplie par Margareta NICULESCU à la tête de l'*Institut* depuis 1984 a été prodigieuse et a été complétée par la création de l'*École supérieure nationale des arts de la marionnette*, en 1987, dont les promotions commencent à enrichir le paysage des arts de la marionnette, même si cela ne représente pas tous les aspects du renouveau. Mais l'*ESNAM* répond à la revendication ancienne des marionnettistes français d'une formation professionnelle rigoureuse. Elle est l'objet de débats contradictoires, mais elle est un instrument de recherches et de confrontations indispensables.

Le Festival de Charleville a su focaliser toutes les forces vives de la renaissance des marionnettes dont il a été et reste un moteur incontournable. Après RIMBAUD, il a attiré sur Charleville-Mézières les regards du Monde entier. C'est pour l'essentiel l'œuvre de Jacques FÉLIX qui a fait de sa ville la capitale mondiale des marionnettes.

Alain RECOING - 2009
Marionnettiste de 1948 à 2009

Mauvaise viande - Solo de Élise Combet, Esnam 6ᵉ promotion, 2005.

Festival Mondial des Théâtres de Marionnettes - Charleville-Mézières 1997.

Japon, île d'Awaji. XXᵉ siècle. *Bunraku. Personnage d'Osono* - Collection IIM.

Nigeria, ethnie Ibo ou Ibibio. XXᵉ siècle. Haut de masque. Collection IIM.

Marionnettes du monde entier rassemblez-vous !

On pourrait faire une ronde autour du monde, autour du monde, si toutes les marionnettes du monde voulaient s'donner la main[1]…

Cette ronde existe et le point vers lequel elle converge est Charleville-Mézières et son festival des théâtres de marionnettes du monde devenu depuis le festival mondial des théâtres de marionnettes de Charleville-Mézières. Depuis 1961, la ronde passe par Charleville et entraîne à sa suite une histoire riche de plusieurs milliers d'années et toujours extrêmement vivace. Dans le monde entier, la marionnette s'est forgée des identités multiples et des cultures foisonnantes à tel point qu'il serait impossible de laisser entrevoir la totalité des formes et des pratiques de la marionnette au sein de ce texte qui se veut donc un survol rapide[2]. Du premier théâtre d'ombre, offert par le feu dans les grottes, aux marionnettes de l'espace virtuel, les arts de la marionnette ne cessent de nous surprendre et de s'adapter aux mondes qui l'ont suscités et, constamment, ressuscités.

Si les marionnettes de tous les temps et de tous les pays se rassemblaient, elles pourraient nous raconter l'histoire de l'homme, de ses péripéties, de ses inventions, de ses bizarreries, de ses contradictions ; elles pourraient témoigner de bien des aventures humaines.

Quand les marionnettes du monde entier se rassemblent, que se racontent-elles ? Que nous racontent-elles ?

Sacrée marionnette !

Si aujourd'hui on a tendance à la destiner uniquement au divertissement des enfants, on oublie souvent que la marionnette descend des dieux et des héros des grands mythes. Les pratiques les plus anciennes de la marionnette trouvent leur place dans des cérémonies et des rituels religieux.

---

1. Paraphrase du poème de Paul FORT : La Ronde autour du monde
2. Pour plus de précisions et de détails nous vous recommandons la lecture du livre de Marie-Claude GROHENS, *Les Marionnettes du monde*, Paris, Éditions de la Réunion des musées nationaux, 2008, 256 p.

Légendes, voir p. 174

Dans certaines cultures africaines, la marionnette est un art qui appartient au monde des morts. Un vivant se le serait approprié et l'aurait apporté dans notre monde, commettant une fatale transgression. Le marionnettiste est donc considéré comme un homme de la lisière entre les deux mondes, capable de s'aventurer dans le monde des morts et dans celui des vivants. La marionnette, lorsqu'elle est animée, serait alors habitée par l'esprit d'un ancêtre. En Asie, les marionnettes servent à véhiculer les grandes épopées fondatrices sur d'immenses territoires depuis des temps immémoriaux. En France, les marionnettes étaient utilisées dans les églises, puisqu'en 1545 le concile de Trente en interdit les représentations dans celles-ci. Mais si la marionnette a souvent trouvé son origine dans les pratiques rituelles et dans les mythologies collectives, elle a aussi souvent souhaité voir du pays et traverser les frontières.

Ces traversées l'ont amenée du sacré au profane tout d'abord (ce qui lui a valu l'exclusion des églises). Après avoir représenté ceux que l'on ne voyait pas (dieux, grands héros, etc.), la marionnette s'est intéressée à ceux que l'on n'entendait pas, acquérant ainsi sa renommée d'art populaire. Elle s'est rangée du côté des petits, des sans-grades, intégrant, à côté des héros épiques, des personnages populaires. Dans le répertoire des marionnettes du Sud-Est asiatique, un étrange couple de clowns côtoie les personnages épiques et s'exprime dans une langue vulgaire (aux deux sens du terme). En France, des personnages populaires régionaux s'installent dans le répertoire des marionnettistes, des Jacques, un valet amiénois : Lafleur, un canut lyonnais : Guignol etc., ils parlent souvent le patois et deviennent petit à petit les héros centraux des pièces.

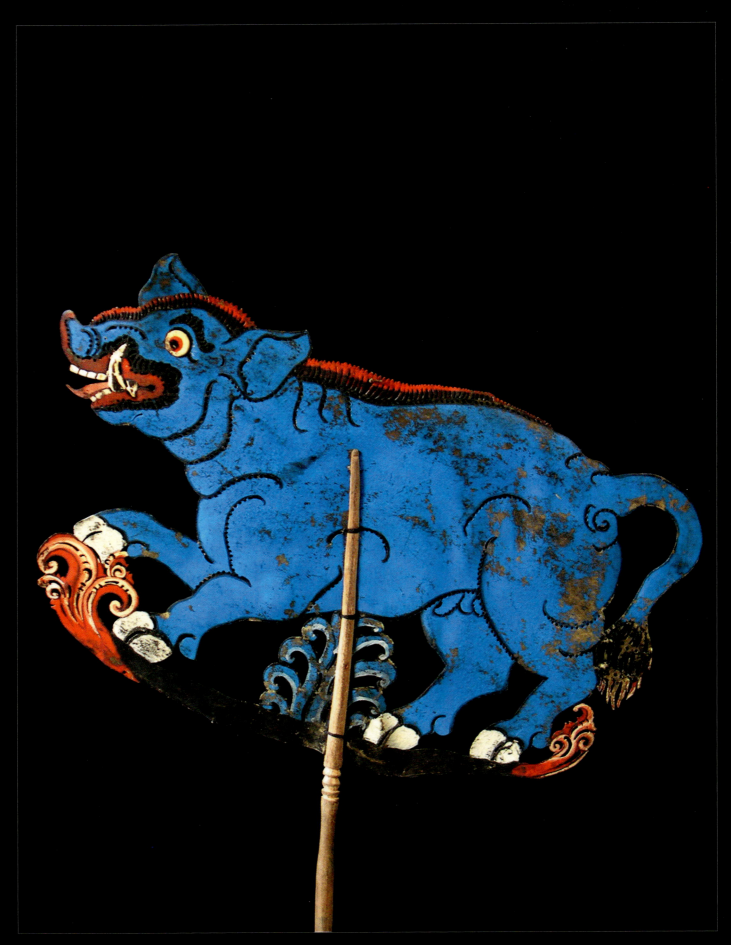

Indonésie, Bali. Début XXᵉ siècle. *Wayang Kulit* (marionnette d'ombre). *Celeng* (animal). Collection IIM.

Ces traversées l'ont promenée de culture en culture ensuite. La marionnette est une grande voyageuse. Si les praticiens excellent dans l'art d'ancrer leur savoir-faire dans un territoire, ils ont aussi su partager et diffuser leurs pratiques et leurs techniques dans l'espace. Un personnage comme Karagöz – qui serait, selon la légende, le remplaçant immortel d'un maçon conteur d'histoires drôles mis à mort car il ralentissait le travail des ouvriers du sultan – serait issu de figures chinoises ou perses, mais ce personnage vulgaire, lubrique, extravagant et bossu n'est pas sans rappeler Kharagiosis (Grèce), Polichinelle (Italie), Hanswurst (Allemagne) ou encore Punch (Angleterre). Ces personnages démesurés et parfaitement anticonformistes figurent parmi les personnages les plus surprenants et impertinents qui aient été donnés à voir.

Ces sacrées marionnettes, ces marionnettes profanes, ces impertinentes figures nous racontent le monde des vivants et celui des morts. Fascinantes notamment parce qu'elles sont amenées de l'animé à l'inanimé juste sous nos yeux. Situées entre l'infinie inconscience du pantin et l'infinie conscience du dieu[3], elles n'ont ni âme, ni états d'âme, pas de purgatoire à craindre, pas de comptes à rendre, pas de chair à exhiber, elles ont pu se permettre des impertinences et des provocations sans bornes. Polichinelle n'est-il pas le seul être animé qui ait pu tuer la mort de mille façons différentes ? Quelle vitalité !

Les mille et une formes de la marionnette

Les traces les plus anciennes de présence des marionnettes sont attestées par les archéologues en Inde et en Égypte. Mais la marionnette ne s'est jamais laissé prendre pour une antiquité. Quand on croit en avoir saisi l'essence, elle se dérobe pour resurgir en nous dévoilant de nouvelles facettes.

À gaine, à fils, à tringles, à clapets, bunraku, wayang… autant de qualifications qui désignent des techniques de manipulation ou des formes de marionnettes particulières. L'inventivité déployée semble infinie et les techniques, des plus anciennes aux plus récentes, dévoilent souvent une maîtrise stupéfiante. Le festival mondial des théâtres de marionnettes de Charleville-Mézières n'a pas manqué de donner à voir cette diversité au cours de ces cinq dernières décennies. On y a vu de la marionnette à gaine, c'est-à-dire des marionnettes dont le corps est constitué d'un gant que l'on enfile sur une main (comme Punch, Guignol ou encore comme les sublimes marionnettes chinoises), de la marionnette à fils manipulée par en haut et suspendue à de fins fils, de la marionnette à tringles dont la manipulation repose sur le même principe mais dont les fils sont remplacés par des bâtons rigides, ce qui change la dynamique des déplacements réalisés, des marionnettes vietnamiennes se déployant sur l'eau avec une vivacité étonnante, manipulées par de longues perches adaptées à la pression de l'eau, des marionnettes dites bunraku venues du Japon, de grande taille et manipulées par derrière par trois manipulateurs recouverts de noir, des ombres en trois dimensions (Wayang Golek), des ombres plates (Wayang Kulit, Karagöz)…

Chaque pratique, qu'elle soit issue d'une tradition ou d'une recherche technique a su cueillir les spectateurs et les interpeller en leur donnant à voir des corps tantôt gauches, tantôt gracieux, tantôt vifs, tantôt cérémonieux, tantôt parfaits, tantôt monstrueux. Chaque marionnette propose, comme le suggérait Edward Gordon Craig, « un modèle de l'homme en mouvement », elles ne sont pas des observatrices dubitatives du monde mais des êtres investis dans leur temps et dans leur territoire, confrontés au monde et agissants.

---

3. KLEIST, Heinrich von, *Sur le théâtre de marionnettes*

Turquie. XXᵉ siècle. *Karagöz*. Marionnettes de Tunçay Tanboga (montreur d'ombres). Collection IIM.

Les matériaux utilisés pour réaliser les marionnettes sont, eux aussi, extrêmement nombreux et divers : bois, tissus, peau, terre et, aujourd'hui, plastiques sophistiqués, légumes, objets usuels, code informatique… Chacun de ces matériaux véhicule une histoire, une époque, un propos artistique. Rien n'est laissé au hasard car la marionnette s'exprime autant par sa matérialité et sa *corporéité* que par sa parole. Le discours artistique proposé par les marionnettistes à travers leur art se déploie autant par la prise de parole que par la mise en corps et la mise en mouvement. Il est, à part égale, esthétique et dramaturgique.

Ces formes multiples et ces matériaux divers témoignent de la créativité et des multiples façons dont l'homme se saisit du monde qui l'entoure. Une observation détaillée nous permettrait de faire des parallèles entre les évolutions formelles et techniques des marionnettes et les grandes évolutions techniques des derniers siècles mais aussi des fantasmes que ces évolutions ont suscités.

Marionnettes d'hier, d'aujourd'hui et de demain…

Aujourd'hui la marionnette n'en finit pas de se renouveler et de se métamorphoser, toujours à l'affût des techniques et des matériaux contemporains, les marionnettistes enfantent du rejeton d'un monde en perpétuelle mutation. Rien n'est anodin et, si les manifestations de la marionnette en Ardennes sont si intéressantes, c'est parce que les pionniers qui ont créé le festival des marionnettes du monde n'avaient pas pour objectif de sauver des folklores légèrement désuets mais de donner à voir des traditions de la marionnette et des créateurs issus du monde entier se situant ou non dans la lignée de ces traditions. La création d'une école internationale des arts de la marionnette sur le territoire de ce festival témoigne de cette visée hautement artistique. Métissage des origines et tissage des pratiques, le génie de ce festival est d'avoir confronté les pratiques de toutes origines pour susciter l'avènement des arts de la marionnette de demain.

Et si le festival se donne aujourd'hui pour ambition de « valoriser l'identité contemporaine de la marionnette en favorisant dans sa programmation la nouvelle histoire de cet art qui se dessine de plus en plus comme étant au centre des arts de la scène […] »[4], comme le souligne sa nouvelle directrice Anne-Françoise Cabanis, c'est qu'encore une fois, à Charleville-Mézières, la marionnette a été comprise dans toute l'étendue de son inventivité et dans la diversité de ses cheminements actuels. En effet, un bref regard sur les pratiques actuelles de la marionnette autour du monde laisse entrevoir les grandes évolutions et les pratiques innovantes qui se développent au sein des arts de la marionnette.

De nouveaux territoires s'ouvrent à la marionnette, qui sont le fruit d'explorations et d'expérimentations extrêmement riches tout au long des dernières décennies. Si depuis les années 1980 on parle des « arts de la marionnette et des arts associés »[5] ou que l'on publie une revue sous-titrée « la marionnette et les autres arts »[6], c'est d'abord symptomatique d'une pratique qui s'ouvre aux autres arts et devient une matrice de transformation, de mutation, de croisement et d'hybridation des différentes expériences artistiques. Un laboratoire de l'élaboration d'un langage artistique contemporain, en quelque sorte.

Plusieurs exemples sont emblématiques et sont récurrents dans les pratiques qui se développent tout autour du monde. L'affranchissement, sensible au sein des pratiques contemporaines des marionnettistes, du cadre du castelet et de l'univers fermé qu'il propose, a dévoilé le corps du manipulateur et a permis aux

---

4. CABANIS, Anne-Françoise, « Un festival résolument moderne », Théâtre/Public n°193, *La marionnette ? Traditions, croisements, décloisonnements*, 2ème trimestre 2009, p. 115.
5. On pense notamment à l'association THEMAA, association des théâtres de marionnette et des arts associés.
6. Le titre complet de cette revue publiée par l'Institut international de la marionnette en collaboration avec les éditions l'Entretemps est *Puck, la marionnette et les autres arts*.

danseurs et aux artistes de cirque de s'approprier et de renouveler les pratiques. La matérialité fondamentale de la marionnette a interpellé les plasticiens et leur a donné une opportunité d'inscrire leur pratique dans le temps scénique. Les auteurs dramaturges ont expérimenté des langues nouvelles sur les corps singuliers que leur offraient les marionnettes. Le cinéma s'est intéressé à ses codes de représentation...

La marionnette interroge les autres arts et les autres arts l'interrogent en retour, les clins d'œil se font insistants, les rencontres se font et donnent naissance à des amours tumultueuses qui laissent présager les marionnettes de demain, tout cela sous notre regard parfois amusé, souvent interpellé.

Alors, marionnettes du monde, rassemblez-vous encore en Ardennes et ailleurs pour nous raconter ce monde qui nous entoure. Continuez à nous échapper et à échapper à nos définitions toutes faites en perpétuant avec exigence votre impertinence, mariez-vous à tour de bras et offrez – à nous comme à nos enfants – un regard neuf et vivace sur le monde qui s'offre à nous. Si toutes les marionnettes du monde voulaient se donner la main, on serait émus par l'incroyable vivacité de cet art et par la pertinence de ce qu'il véhicule auprès des spectateurs et nous n'aurions pas fini de tourner.

Emmanuelle Ebel
Juin 2009

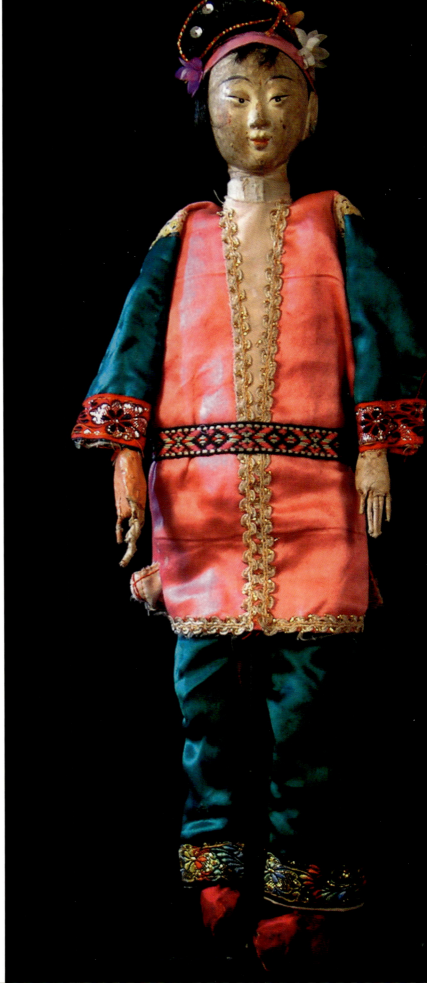

Chine, Province de Guangdong, *Chaozhou*.
XXᵉ siècle. Marionnette à baguettes.
Rôle de « Dan » (opéra de Pékin). Collection IIM.

Festival Mondial des Théâtres de Marionnettes - Charleville-Mézières 1997.

Festival Mondial des Théâtres de Marionnettes - Charleville-Mézières 2003.

Faits divers

Vendredi dernier, place Ducale, juste à l'heure où la fête commençait, deux évènements d'inégale importance et dont la simultanéité dans le temps et dans l'espace porte à croire que les puissances du bien et du mal se sont dépensées, là, en un combat qui, à défaut de marquer le siècle, laissera pour quelques jours une trace d'huile brûlée et de mousse carbonique sur le goudron.

Le premier évènement, c'est l'arrivée au pied du prince de Mantoue – comme tombée du ciel, mais par la route de Sedan – de la camionnette blanche et virginale de la compagnie belge Al Botroûle.

L'autre évènement, c'est l'incendie impromptu d'une friterie roulante, provisoirement sédentarisée pour servir la cause alimentaire des festivités en cours dans la ville.

N'écoutant que le conseil courageux de Jacques, son mari, Françoise Ancion, avec une intrépidité véloce et l'extincteur du Tchantès, s'employa à « circonscrire le sinistre » (comme disent les journaux), si bien que, lorsqu'ils se présentèrent sur les lieux, les pompiers n'eurent plus que trois bouffées de fumée à se mettre sous la lance.

Sans cet élan franchement crâne des plus carolopolitains des Liégeois, la France compterait une friterie de moins, sale coup pour le patrimoine gastronomique.

Une fois de plus, les Ancion, modestes et discrets bienfaiteurs de l'humanité, se sont montrés à la hauteur de leur réputation, qui est multicontinentale et qui va encore s'augmenter de la considération de l'incalculable foule des amateurs de frites dont, à n'en pas douter, les meilleurs se retrouveront ce soir, à 21 h, en l'église du Sacré-Cœur où le théâtre Al Botroûle, au grand complet de ses deux membres et de ses dizaines de marionnettes, accouchera d'une Nativité, « Li naissance », une des pièces les plus jouées et les plus enjouées du répertoire sacré de la tringle.

Sous nos latitudes et à notre époque, l'histoire du petit Jésus est assez connue pour qu'on se dispense, ici, d'en résumer les péripéties. Mais nombre de voix autorisées affirment que, dans les temps anciens, elle ne fit pas beaucoup plus de bruit qu'un fait divers.

[1994]

Jean-Martin du Vérin - Compagnie K.O. - MIC
Festival Mondial des Théâtres de Marionnettes - Charleville-Mézières 2006.

Parade finale - Festival Mondial des Théâtres de Marionnettes - Charleville-Mézières 2006.

Festival Mondial des Théâtres de Marionnettes - Charleville-Mézières 2006.

La Chair de l'Homme - Texte de Valère Novarina - Mise en scène Aurélia Ivan, Compagnie Tsara, 2008.

L'intruse - Projet collectif, Esnam 6e promotion, 2004.

Entre2 - Michaël Cros et Julie Desrosiers, Compagnie La Méta-Carpe. Programme « Création/Compagnonnage » de l'Institut International de la Marionnette, 2005. Spectacle présenté lors du Festival Mondial des Théâtres de Marionnettes de Charleville-Mézières, Théâtre de l'Institut International de la Marionnette, septembre 2006.

L'intruse - Projet collectif, Esnam 6ᵉ promotion, 2004.

Festival Mondial des Théâtres de Marionnettes - Charleville-Mézières 2000.

Retour aux réalités

Dimanche, le soleil favorisant une nonchalance joyeuse, la fête battait son plein. Et le festival, plus chanceux que jamais, se laissait déborder par la foule. C'est dans le fond de cet après-midi qu'apparurent sur le pavé de la place Winston Churchill quatre ombres fatiguées, dernier carré de la troupe bosniaque « Mastaonica » de Sarajevo et de Mostar, actuellement réfugiée à Zagreb, pour les raisons que l'on sait et avec les complications douloureuses qu'on devine.

Dubravka Zmcic, Dubravka Sunjic, Risto Vojovic, Aïda Boban ne sont pas totalement inconnus à Charleville-Mézières. Ils se sont produits deux fois dans le « in », en 1972 et en 1979, bien avant la guerre.

Aujourd'hui, ils sont les invités personnels de Jacques Félix, conséquence heureuse d'un enchaînement de volontés plutôt que d'un concours de circonstances, à l'origine duquel on trouve, ce qui n'étonnera personne dans le quartier, le bouillonnant Albert Bagno qui a toujours une cause à défendre, un combat à mener – à tel point qu'au fil du temps il a ajouté sur sa carte de visite le participe toujours présent « militant » à sa fonction de marionnettiste.

Il a déjà lancé, en Italie, dans la région de Bergame, l'idée d'une collecte dont les fonds, le moment venu, pourront aider à la reconstruction du théâtre de Mostar.

Mais le problème n'est pas là. En effet, bien qu'elle ne soit pas programmée officiellement, la compagnie bosniaque est arrivée avec ses « Rêves », un spectacle pour enfants.

Loin de la guerre, c'est toujours la guerre pour ceux dont le pays continue d'être déchiré par les haines. Hier, pour eux, la marionnette était un métier. C'est peu de dire qu'aujourd'hui elle est devenue toute leur vie.

Les rôles se sont inversés. Maintenant, la poupée de chiffon anime son montreur et rend un peu de sens à des existences qui ont tout perdu. Si ces marionnettes devaient ne pas se produire sur une scène, alors ce serait leurs marionnettistes qui seraient empêchés de revivre.

Il fut un instant question, dimanche soir, que le spectacle soit donné dans la rue. Mais lorsqu'on invite des amis à la maison, est-ce qu'on les envoie jouer dehors ?

[1994]

Festival Mondial des Théâtres de Marionnettes - Charleville-Mézières 2000.

Le roi pêcheur, projet de fin d'études de Colette Garrigan, 1993.

Idem Esse - Sylvie Chartrand. Programme «Recherche/eXpérimentation» de l'Institut International de la Marionnette, 2006.
Spectacle présenté lors du Festival Mondial des Théâtres de Marionnettes de Charleville-Mézières, Théâtre de l'Institut International de la Marionnette, septembre 2006.

Festival Mondial des Théâtres de Marionnettes - Charleville-Mézières 2006.

La marionnette aime lire

Cette loque vaguement humaine connaît ses classiques. Pour les rendre à la vie.
Pas seulement les vieilles gloires du répertoire dramatique, sagas à cheval et en armure, légendes à base de pectoraux et de tourments métaphysiques, faits divers antiques, avec veuves des guerres cornéliennes et orphelins rancuniers. (Le chiffon fait reluire l'airain et polit le marbre.)

Mais aussi les poètes à qui, pourtant, on n'accorde de place nulle part, les écrivains du dimanche cantonal dont le front s'appuie sur la ligne inoxydable des pompes à bière, les conteurs «terroiristes» affûtant leurs fables au coin du radiateur électrique, et même les auteurs de romans policiers, et même les scientifiques démangés par les théories, et même les curés quand ils en viennent, noir sur blanc, à confesse.

Aucun roman, aucun scénario, aucune pièce, n'échappe à son appétit. Il y a longtemps que chez elle l'encre précède la salive. Elle lit et affiche publiquement qu'elle lit. À tel point que, dans les castelets les mieux fréquentés, grâce à elle, nos yeux ont vu, souvent, des livres qu'ils n'avaient jamais lus.

C'est peut-être qu'au-delà de tout mise en Cène, qu'au-delà de toute communion de circonstance, le mot est d'abord un vivant qu'on réveille, et qu'il faut le croire pour le voir.

Comme on croit se voir exister dès qu'une marionnette nous suit du regard.

[1994]

L'intruse - Projet collectif, Esnam 6ᵉ promotion, 2004.

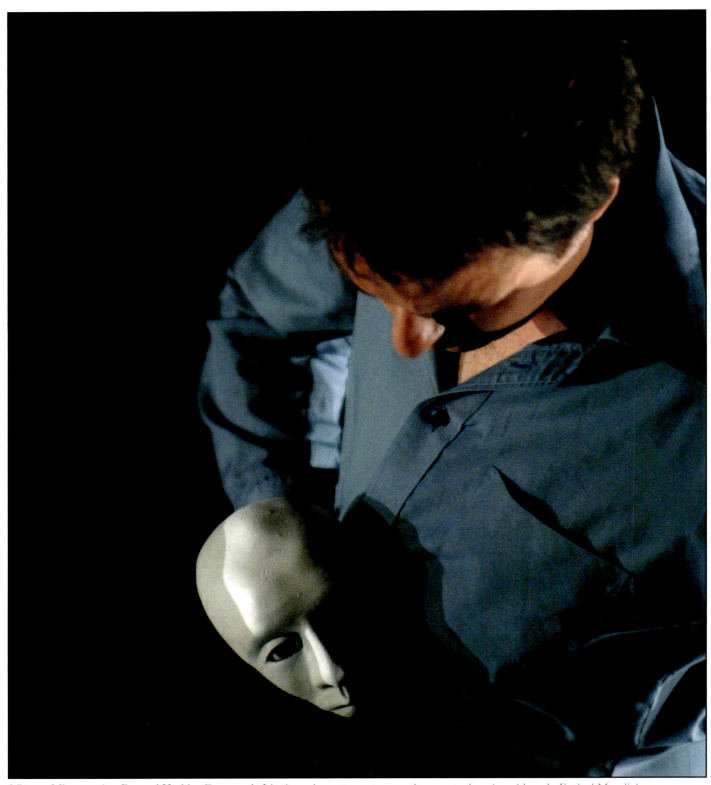

Mitoyen - Mise en scène Renaud Herbin, Compagnie Là où marionnette contemporaine, spectacle présenté lors du Festival Mondial des Théâtres de Marionnettes de Charleville-Mézières, Théâtre de l'Institut International de la Marionnette, septembre 2006.

Horsehead - Compagnie FaultyOptic 2005.

Boliloc
Auteurs-metteurs en scène
Philippe Genty - Mary Underwood
avec Christian Hecq, Scott Koehler,
Alice Osborne, création novembre 2007.

pp. 56-57 : *Les marionnettes racontent la Méditerranée* - Exposition de la Compagnie Carlo Colla E Figlia
Musée de l'Ardenne - Festival Mondial des Théâtres de Marionnettes - Charleville-Mézières 2006.

Tunnelvision - Compagnie FaultyOptic 2006.

Pour Bergson

Comme il est démocratique de ne jamais être content, et que nous nous flattons d'être de vrais démocrates, il y a trois ans nous nous étions beaucoup plaints de ne pas trouver, pour ainsi dire, un seul spectacle capable d'égayer un peu des journées qui s'écoulaient, exigeantes et molles comme un stage de perfectionnement. Même Rabelais y apparaissait, à proprement parler, plus terne qu'un cours par correspondance.

Loué soit le souci des compagnies d'élever un tant soit peu le niveau de conscience des salles caropolitaines, qui prennent souvent plaisir aux révisions scolaires qu'on leur propose. Mais point trop n'en faut. Si le divertissement est ce qu'il est, au sens pascalien du terme, on a trop souvent tendance à oublier que le père de la brouette, objet désopilant déjà par nature, s'affichait ouvertement joueur. Et s'amusait à parier, en turfiste. Notamment sur Dieu. Qui n'est pas un mauvais cheval.

Cette année, pour changer, une vingtaine de compagnies proclament, d'emblée, la volonté farouche d'être drôles, promesse souvent difficile à tenir. Toutefois, au bar de la Marine où il installe sa Rabelaiserie, Le Boulaire se sentira enfin moins seul.

Parmi ceux qui ne déçoivent jamais, « Assondelli & Stecchetoni » annonce une ironie soutenue par des références littéraires, tandis que « Faulty Optic » parle d'un spectacle divisé en trois volets, ce qui, sous une apparence rhétorique, est déjà hilarant et macabre. D'autres Italiens et d'autres Anglais se proposent aussi de libérer le zygomatisme impatient des foules. Il s'agit du « Centro Teatro di Figura », qui se veut amusant et spontané, et surtout de « Green Ginger » avec « Staphead », spectacle hilarant qui célèbre tout ce qui grandit.

Les aquarionnettes de la « Compagnie du Petit Monde » font se côtoyer des rencontres loufoques. « Les Bamboches » comptent un peu sur les gros mots et les mauvaises manières. Le « Teatro Papalote », de Cuba, mêle l'humour et l'érotisme. Le « Théâtre des Alberts » affiche l'unique ambition de vous divertir avec des dialogues désopilants. « Mundus et infans », des Slovènes de « Speakeasy Pictures », se définit comme sauvage, hilarant et brillant. Et Manarf prévoit que sa prestation nous fera rire ensemble.

Les mieux inconvenants sont français et se produisent sous l'appellation magnifique de « Cie Garin-Trousseboeuf ». Leur histoire se déroule avec grâce dans la poubelle de la cuisine vue à partir de la lunette des ouatères. Poussant la logique dans ses derniers retranchements, ils accompliront cette belle ouvrage au Théâtre de papier. Il sera dans le ton d'y courir.

Quant à Nikolai Zykov, sa conception des arts du divertissement est si miraculeuse qu'elle résume toute entière l'histoire de l'homo sapiens : *Composition philosophique et Plaisanteries variées*. (À noter que c'est Bergson, soi-même, qui nomma « sapiens » l'homme ordinaire. Preuve que ce philosophe avait la plaisanterie facile.)

[1997]

Festival Mondial des Théâtres de Marionnettes - Charleville-Mézières 2006.

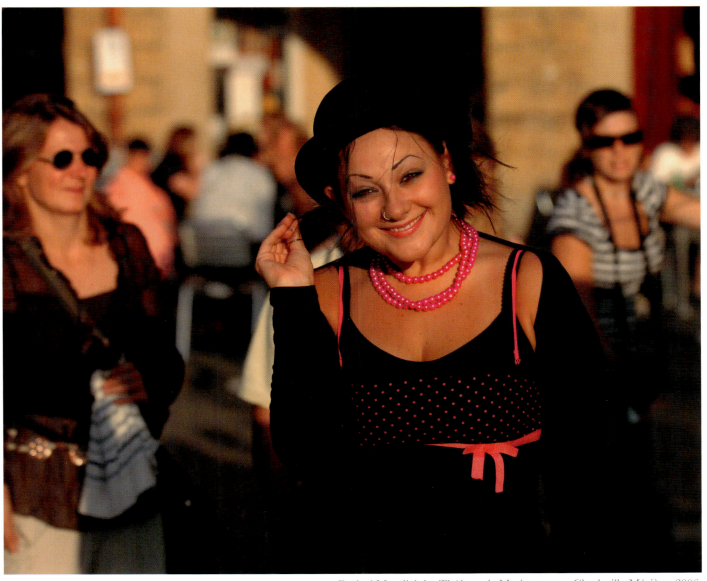
Festival Mondial des Théâtres de Marionnettes - Charleville-Mézières 2006.

Festival Mondial des Théâtres de Marionnettes - Charleville-Mézières 1997.

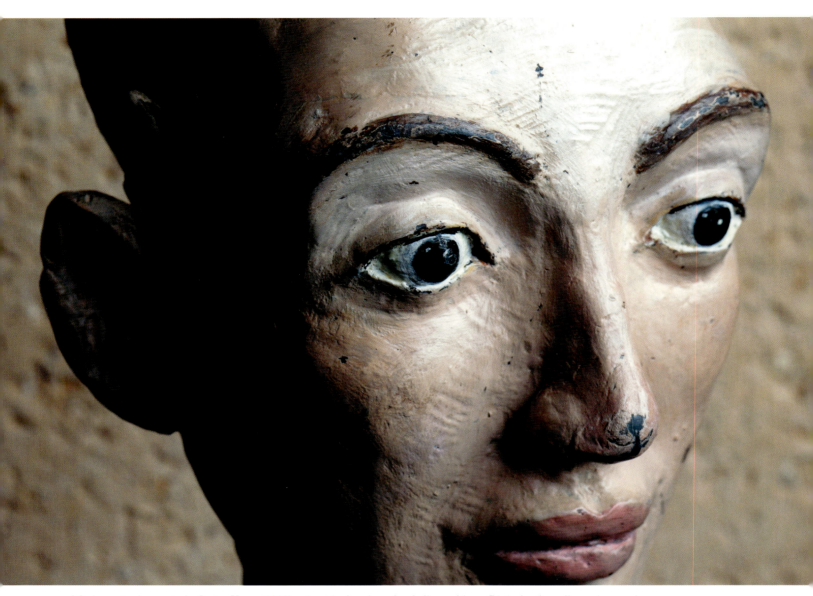

Marionnette du spectacle *Gaspar Hauser* (1999) présentée dans le cadre de l'exposition « Pérégrinations d'un scénographe, Jean-Baptiste Manessier. Marionnettes, objets, décors ». Co-production Institut International de la Marionnette/Théâtre Jeune Public de Strasbourg. Musée de l'Ardenne, 13 décembre 2008 – 1er février 2009.

Ressource - Stage professionnel dirigé par Hoichi Okamoto, théâtre Dondoro. Institut International de la Marionnette, 2004.

Le voyageur sans tête - Compagnie Théâtre Fantastique de Richard Zachary - Soirée de gala - Festival 2003.

Mouvements de fonds

Si on en juge par ce qui se passe aux alentours du comptoir de la billetterie, il y a dans chaque spectateur un artiste de la finance. Ne serait-ce que parce qu'il s'agit, premièrement, de placer de l'argent, deuxièmement, de le placer dans un produit qui n'a pas de prix : le plaisir.

On ne plaisante pas avec ces choses-là.
C'est pourquoi l'investissement du festivalier avisé s'organise comme le portefeuille d'actions de l'amateur de denrées boursières.

D'abord, pour asseoir le sérieux du capital, un bon petit paquet de valeurs inaltérables, dont la cote ne cesse de monter depuis vingt, trente, quarante ans. Entre autres, il peut prendre, s'il en reste, du Philippe Genty, du Tandarica, du André Tahon, du Roman Paska et, bien sûr, du Henk Bœrwinkel (Triangel), et encore du Blin, dont le fil est garanti incassable depuis 1933.

Ensuite, histoire d'assurer ses arrières et d'étoffer ce portefeuille de père tranquille, il paraît difficile de pouvoir se passer de l'increvable Al Botroûle, du millimétrique Taptœ, du lumineux spécialiste de l'ombre italienne Gioco Vita, de l'exigeante et rigoureuse Korporation des Manches à Balais et de deux dizaines d'autres compagnies habituées du festival et qui ne se sont jamais autorisé la faiblesse de ruiner les espérances que le public plaçait en elles.

Comme le festivalier, à l'instar du financier, n'est jamais tout à fait à l'abri de spéculantes démangeaisons, il hésite rarement à prendre le risque d'une éventuelle bonne surprise et il mise soit sur les nouveaux – parmi lesquels Basil Twist Productions et Faulty Optic sont les placements de la quinzaine –, soit sur des compagnies longtemps absentes de Charleville-Mézières, comme le Sandglass Theater d'Eric Bass dont on attend toujours un bonheur au moins égal à celui dispensé en 1985.

Cependant, on doit à la vérité de dire que tous les festivaliers ne sont pas animés par le même souci égoïste et qu'il s'en trouve au moins un qui pense plus à ses enfants qu'à lui-même. Dans un grand mouvement de générosité pédagogique, il leur a offert exclusivement des places pour des spectacles donnés en langue anglaise :

« Quitte à dépenser, dit-il en allongeant la monnaie, autant que ça serve pour l'école ! »»

[1994]

Ce n'est pas ça - Solo de Antonin Lebrun - Esnam 7ᵉ promotion 2007.

Festival Mondial des Théâtres de Marionnettes - Charleville-Mézières 2006.

Festival Mondial des Théâtres de Marionnettes - Charleville-Mézières 2006.

L'intruse - Projet collectif, Esnam 6ᵉ promotion 2004.

Idem Esse - Sylvie Chartrand. Programme « Recherche/eXpérimentation » de l'Institut International de la Marionnette, 2006. Spectacle présenté lors du Festival Mondial des Théâtres de Marionnettes de Charleville-Mézières, Théâtre de l'Institut International de la Marionnette, septembre 2006.

Allume ! Eteins ! - Solo de Yngvild Aspeli - Esnam 7e promotion 2007.

The seas of organillo - Stephen Mottram.

Professionnel de métier

Un jour ou l'autre, les festivals atteignent l'âge de raison. Chez l'espèce humaine comme dans le monde des festivals, c'est l'âge où l'on commence à savoir que la vie est un métier et qu'il faut s'armer de sérieux et de prudence si on veut être bien considéré. Bref, c'est le moment où tout le monde fait profession de ressembler à tout le monde.

C'est l'impression que me laissera ce festival qui a si correctement fonctionné qu'il n'y a rien à en dire. Tout s'est déroulé conformément au Xe plan. Les problèmes prévisibles ne se sont produits que pour être résolus par les solutions prévues. La programmation s'est révélée bien comme il faut. Le public fut poli et attendit toujours d'être entre soi pour dénigrer le spectacle auquel il venait d'accorder la grâce d'un succès convenu. Les agents de la circulation se firent presque un devoir de ne pas abuser de la force publique. Les artistes de rue ne se permirent jamais d'outrepasser les quatre mètres carrés de trottoir officiel que l'organisation leur avait attribués. Les spectacles étaient tellement indiscutables qu'ils n'ont pas suscité de ces prises de gueule et de tête qui, autrefois, donnaient si mauvais genre aux terrasses festivalières des bistrots.

Même les vaillants journalistes de Karagöz se sont laissé prendre dans cet accès de savoir-vivre : ils ont cousu deux boutons à leur braguette et, ce qui est plus navrant, se sont essayés à la pratique de l'euphémisme. (Dans leur prose radicale, ce centrisme d'expression apparaît tout de même comme un écart de langage.)

En plus, il a fait raisonnablement beau. Rien à dire. Le ciel du festival commence aussi à bien connaître son métier.

Heureusement, la billetterie eut à cœur de demeurer fidèle à sa tradition de légèreté et de poésie, ce qui offrit un sujet de conversation sporadique et rappela aux nostalgiques des vieux festivals de charmants petits intermèdes d'agitation collective.

Ainsi, la billetterie fut le dernier salon où l'on cause, le seul endroit où les passions purent s'exprimer, l'ultime refuge de la spontanéité et, peut-être, de la vie – si on veut bien admettre que, face à la perfection générale, seule l'erreur est humaine.

Cela dit, il y eut le scandale des toilettes de la place Ducale dont les biéreux moussaillons des arcades n'ont pas apprécié qu'elles fussent fermées un dimanche comme celui-là. Ce drame autorisa trois jours d'indignation légitime, car il n'est pire sacrilège que de faire lanterner la vessie ardennaise.

Mais ce fut bien là les deux seules surprises de cette semaine de fête impeccablement préméditée.

Pour le reste, rien à dire. Le festival s'est professionnalisé. Éloge.

Seulement, dans trois ans, au train où vont les choses, pour rigoler, ça sera du boulot…

[1994]

Marionnettes d'Otello Sarzi - Exposition au musée de l'Ardenne
Festival Mondial des Théâtres de Marionnettes - Charleville-Mézières 2003.

Compagnie Marionnettes et Savoir-Faire - Festival Mondial des Théâtres de Marionnettes - Charleville-Mézières 2006.

Festival Mondial des Théâtres de Marionnettes - Charleville-Mézières 2006.

Compagnie Marionnettes et Savoir-Faire - Festival Mondial des Théâtres de Marionnettes - Charleville-Mézières 2006.

Entre2 - Michaël Cros et Julie Desrosiers, Compagnie La Méta-Carpe. Programme «Création/Compagnonnage» de l'Institut International de la Marionnette, 2005. Spectacle présenté lors du Festival Mondial des Théâtres de Marionnettes de Charleville-Mézières, Théâtre de l'Institut International de la Marionnette, septembre 2006.

Light - Compagnie Mossoux-Bonté - Festival Mondial des Théâtres de Marionnettes - Charleville-Mézières 2002.

Nouk qui tchoûle…

Ce doit être la première fois que le festival commence par le chagrin. Al Boutroûle ne viendra pas à Charleville. Françoise Ancion est décédée pendant le mois d'août, des suites d'une maladie. Elle avait cinquante ans. Elle a quitté le monde des marionnettes pour le monde du Marionnettiste. Le Ciel a de la chance.

En compagnie de Jacques Ancion, depuis plus d'un quart de siècle, Françoise diffusait dans le monde entier les aventures volubiles du Tchantchès et de la Nanèsse, figures liégeoises du théâtre forain auxquelles, ici et là, par malice, on avait un peu fini par les identifier. Surtout à Charleville-Mézières, où ils comptaient à la fois parmi les Belges les plus appréciés (ce qui n'est pas peu dire dans un département qui apprécie naturellement beaucoup les Belges) et parmi les artistes les plus réputés – ce qui n'est pas non plus peu dire dans une ville qui en voit se produire régulièrement des milliers venus des cinq continents.

Entre autres qualités incontestables, les Ancion, qui n'allaient jamais l'un sans l'autre, cumulaient deux vertus d'ordinaire incompatibles : ils savaient et se lever tôt et se coucher tard. Cette double faculté en faisait les spectateurs les mieux renseignés des rues festivalières. Quand ils ne jouaient pas, ils n'avaient de cesse que d'aller regarder les autres jouer, par empathie confraternelle.

Épuisé, on les quittait à deux heures de la nuit au fond d'une cour où se montrait une bande de marottes sans réputation, mais qu'il fallait juger sur pièce, et on les retrouvait à neuf heures du matin à une terrasse de la place Ducale, en train de tourner le café-crème et le commentaire, frais et dispos comme des dormeurs au long cours.

Partant, quand il s'agissait pour la vraie conscience journalistique de savoir où en était le festival et ses péripéties, c'était à eux qu'on s'adressait, qui depuis le début n'avaient pas raté un fil, pas une gaine, pas une tringle, pas une ombre, et savaient en parler, l'un avec passion, l'autre avec lucidité, constituant à eux deux, inséparablement, une sorte de bureau des poids et mesures, un service de documentation. Témoins de charme.

Aujourd'hui, il y a bien des mots, bien des paroles, bien des appréciations qui vont faire défaut à cet ultime festival du XXᵉ siècle, que la troupe des fidèles, des habitués, des endurcis, aurait voulu vivre au grand complet.

« Al Botroûle, n'a nouk qui tchoûle ! » dit la devise du Tchantchès (« Al Botroûle, personne ne pleure ! »)

Les devises s'inscrivent pour être respectées. Cependant, quels que soient les bonheurs qui nous attendent, une part de la fête demeurera inconsolée.

[1997]

Latex vivant - style par Green Ginger - Stage professionnel dirigé par Terry Lee & la compagnie Green Ginger. Institut International de la Marionnette, 2006.

C'est quand ça ce truc - Solo de Mila Baleva - Esnam 7ᵉ promotion 2007.

L'homme qui fait le soleil - Spectacle de fin d'année mis en scène par Roland Shön, Esnam 7e promotion, 2007.

Festival Mondial des Théâtres de Marionnettes - Charleville-Mézières 2000.

pp. 88-89 : Compagnie Les Sages Fous - Festival Mondial des Théâtres de Marionnettes - Charleville-Mézières 2003.

L'another town

Dans les pages du « Guide du festivalier », évoquant l'illustre chef-lieu de canton (avec gare, préfecture et caserne, trois motifs de l'orgueil local), et pour être sûr d'être compris dans le monde entier, le Mayor of Charleville-Mézières (his name is Roger Mas) dit en anglais, avec de délicats accents rimbaldiens :

« …to become another town, a lively cheerful town, where people engage in conversation, get together or stay out until daybreak. »

Ce qui veut signifier dans la langue des charcutiers d'Hargnies que « pendant le festival, Charleville-Mézières devient une autre ville, une ville gaie où l'on se parle, où l'on se rencontre, où l'on sort jusqu'à l'aube ».

Autrement dit, en temps normal, en dehors du festival, soit pendant les cent cinquante-cinq semaines restantes (mille quatre-vingt-cinq jours ! plus de vingt-six mille heures ! Trois ans !), Charleville-Mézières ne serait pas une ville gaie, on ne s'y parlerait pas, on ne s'y rencontrerait pas, on n'y sortirait jamais jusqu'à l'aube.

(D'ailleurs, comment pourrait-on sortir jusqu'à l'aube ? Il n'y a pas d'aube ici. Selon les besoins du festival, la logistique municipale en loue quelques-unes au pays de l'est, fournisseur officiel depuis quatre milliards d'années. Sauf cette année, puisque l'invité se trouve, adéquatement, être le pays du soleil levant, et qu'il vient nous exposer ses spécialités.)

Les propos du Mayor of Charleville partent d'un bon sentiment, et je me garderai bien d'essayer de prouver qu'en dehors des sept ou huit jours où elle s'en fait l'obligation devant les castelets il arrive à Charleville-Mézières d'être joyeuse et causante. Qu'il lui arrive aussi de s'attarder jusqu'à pas d'heure. Que la plupart des feux d'artifices n'y sont pas tirés autour de midi. Et que les boîtes de nuit ne ferment pas juste avant le journal télévisé du soir.

Les preuves de cette réalité abondent. Et les témoignages, aussi. L'Ardennais aime la fête. Certes, son humour est discret, voire imperceptible, mais il existe. Enfin, il ne se couche pas plus tôt, pas plus vite, pas plus souvent et pas plus fort qu'ailleurs.

Évidemment, maintenant que le contraire a été irréparablement diffusé en anglais, langue connue pour s'insinuer partout avec la perfidie qu'on devine, y compris dans les failles de la francophonie, on frémit à l'idée de l'usage désobligeant qui pourrait être fait de cette information.

C'est pourquoi, par patriotisme schisteux autant que par goût de la vérité, je me fais le devoir, ici, de préciser que l'expérience a montré, montre et montrera encore, peut-être, que « pendant le festival, Charleville est une ville encore plus gaie que d'habitude, qu'on s'y parle encore plus, qu'on s'y rencontre encore plus que d'habitude, et qu'on y sort jusqu'à l'aube la plus avancée qui soit ! »

Bref, que la liesse festivalière n'est que la confirmation d'un quotidien imperturbablement allègre.

[1997]

Les habitants - Mise en scène Arnaud Louski-Pane, programme de création de L'Institut International de la Marionnette (IIM) Création/Compagnonnage, 2004.

Marionnette africaine - Festival Mondial des Théâtres de Marionnettes - Charleville-Mézières 1991.

Festival Mondial des Théâtres de Marionnettes - Charleville-Mézières 2000.

Festival Mondial des Théâtres de Marionnettes - Charleville-Mézières 2006.

Festival Mondial des Théâtres de Marionnettes - Charleville-Mézières 2003.

Propos du dimanche

Il n'y a guère que pour les poissons rouges et pour les cochons d'Indes que le dimanche est un jour comme les autres. À ces créatures douées d'une remarquable égalité d'humeur, on ajoutera le festivalier.

Dans ses béatitudes, ce dernier perd la notion de l'heure, du jour, de la nuit. Pour lui, le temps ne se compte plus en mots ou en chiffres, mais en images, en spectacles, en bousculades dans la foule. Rien d'étranger au festival ne le touche plus, ni l'enfant caché de Guy Lux, ni l'invasion de la Chine par le soldat du grand Duché de Luxembourg, ni la besogne somptueuse des saisons.

Il lui arrive même d'oublier le prix habituel du verre de bière, et il se laisse estamper avec un ravissement qui inspire le respect, et presque le repentir, au plus cynique des bistroquets. On en a vu, festivalisés à outrance, qui abandonnaient des pourboires extravagants.

Dans ces conditions, l'idée du dimanche ne les effleure pas. Gâchis total.

Pourtant, de tous les jours, le dimanche est le plus reconnaissable. Ne dit-on pas : « La semaine, c'est la semaine ! Mais le dimanche, c'est le dimanche ! » On ne peut pas être plus clair.

Ce jour-là, l'Ardennais, au moins s'il est de la vallée, change de bleu de travail et il remplace ses souliers de sécurité par des chaussons à motifs géométriques. Il enfonce une casquette autour de sa tête où grouillent les belles combinaisons du tiercé. Il dit à sa femme qu'il va au pain, et il va au pain. C'est, en effet, le dimanche que l'Ardennais va au pain. Il profite souvent du voyage pour rapporter le journal. Aujourd'hui, il sera content parce que c'est la première fois que le journal mentionne qu'il va au pain, confirmant ainsi qu'on est bien dimanche, raison pour laquelle il est allé au pain.

Pour manifester qu'il n'échappe pas à l'information, il s'avance aussi à dire, sur le ton bien imité de la sincérité :

« On irait bien voir les guignols de Charleville, cet après-midi… »

Rien ne fait plus dimanche que d'aller voir les guignols de Charleville, sinon la foire de Sedan.

Mais il hésite, car on est en septembre, qu'il a fait beau toute la semaine, que le brouillard a mouillé les tapis des jeunes sapinières et que, sur les hauteurs de Monthermé et de Haybes, les cèpes sont gros comme le poing.

De quoi hésiter.

[1994]

Festival Mondial des Théâtres de Marionnettes - Charleville-Mézières 2006.

Festival Mondial des Théâtres de Marionnettes - Charleville-Mézières 2000.

Del Bacalao - Projet de fin d'études de Toztli Godinez de Dios, Esnam 7e promotion, 2008.

Stage dirigé par Stephen Mottram, Esnam 7e promotion, 2007.

Presque rien - Projet de fin d'études de Yoann Pencolé et Luc-Vincent Perche, Esnam 7ᵉ promotion, 2008.

Festival Mondial des Théâtres de Marionnettes - Charleville-Mézières 2006.

Notabene

Depuis que, sans peur, Björn et Christiane Fühler ont installé leur cirque rue de Mantoue (et non rue de Manteau), et y font des pieds et des mains, l'endroit est devenu l'un des plus courus de la ville.

Dans cette espèce de magasin des merveilles, les admirateurs et les curieux se pressent, convaincus que l'occasion ne se représentera plus, d'observer d'aussi près un univers qui a enchanté tous les publics depuis plus d'un quart de siècle.

Ce sont, en effet, leurs adieux au festival que jouent les Fühler pendant toute cette semaine, en levant le voile sur le secret des choses, l'envers du décor et les quelques vérités qui ont fait tenir le tout.

De *L'Homme nu*, joué en 1972 dans le cadre du premier festival « off » de Charleville, à *Vermoulures*, dernier spectacle présenté dans le « in », toujours à Charleville, en 1991, les prestations du Théâtre du Manteau se sont, d'une certaine façon, et non sans une fantaisie inquiète, toujours évertuées à remettre l'homme à sa place, laquelle serait, théoriquement, plutôt du côté du bien, du beau, du modeste et du simple, quatre tentations auxquelles le quidam moderne, qu'il soit déménageur ou marchand d'œufs, ne succombe que dans ses discours, par feinte, histoire de sauver les apparences et le « standing moral » de l'époque.

Entre des échantillons de différents spectacles, notamment *Songe à béquilles* qui ne fut jamais représenté à Charleville – avis aux amateurs de raretés –, Björn Fülher, dont la jeunesse hésita entre peinture et marionnettes sans jamais se résoudre définitivement à choisir, expose un choix de ses tableaux et de ses dessins.

La plupart reprennent les préoccupations et les tourments exprimés au cours des années par les marionnettes du Manteau, avec plus de gravité et une considération singulière pour les objets, les outils, le petit matériel que le bricoleur récupère, bouts de ficelle, allumettes, et qui entrent dans la composition du monde au même titre que ce qui est réputé moins anodin.

Tout de ce qui existe est important, la simple vérité ne se passe pas d'un clou tordu ou d'une plume d'oiseau. Elle ne se passe pas non plus du regard qu'on pose sur les choses. Ni de celui, impossible, que du fond d'une toile la marionnette pose sur le visiteur.

[1997]

La tendre humanité - Solo de Laëtitia Labre - Esnam 7ᵉ promotion 2007.

La vache - Théâtre de La Toupine - Festival Mondial des Théâtres de Marionnettes - Charleville-Mézières 2006.

Penthésilée - Atelier-spectacle dirigé par Éloi Recoing - Esnam 4ᵉ promotion 1998.

Félicité - Solo de Julie Trezel - Esnam 6e promotion 2005.

Place Ducale - Festival Mondial des Théâtres de Marionnettes - Charleville-Mézières 2006.

Méthode

Dans le « Manuel du sous-préfet », ouvrage difficile à trouver déjà à l'époque de Curnonsky, un chapitre est consacré, sous forme de questionnaire avec réponses, à la meilleure façon de rendre compte de la visite d'une personnalité ou de n'importe quel événement d'une certaine ampleur se produisant dans une petite ville de province.

Par exemple, à la question : « Qu'est-ce qui est de la fête ? », il convient de répondre : « Le soleil ! » (Quel que soit le temps qu'il fait. Car le compte-rendu travaille surtout pour le lendemain des jours où il n'aura fait qu'officiellement beau.)

Autre exemple, à la question : « Au sein de qui le président aime-t-il le mieux se trouver ? », on recommande de répondre : « Au sein des populations », ce qui est démagogique, mais avec une finesse qui excuse tout. (Dans cette question, le mot « président » peut être remplacé par ministre, député, sénateur. Si on tient à complaire au ministre, au député et au sénateur, on ne se fera pas faute de qualifier de « ravies » les populations dont le sein peut contenir un si gros bonnet.)

Il ne coûterait rien d'adapter cette méthode à l'événement qui occupe Charleville ces derniers temps, et de demander : « Où en est l'enthousiasme du public à ce moment du festival ? » À quoi il serait répondu, comme dans la version sous-préfectorale : « Il en est à son comble ! »

Rien n'interdit ensuite d'argumenter, de décrire ce comble, de l'étayer, de lui faire des petits et de mettre à cette tâche un enthousiasme égal. (Exemples de motifs enthousiasmants : Faulty Optic, les poupées des îles d'Awaji, Dondoro, etc.)

Autre question, grammaticalement bouleversante, avec sa forte réponse :

« De quoi vont les braves festivaliers pendant le festival ? »

Réponse :

« Ils vont de surprise en surprise. »

On pourrait même préciser qu'ils vont de bonne surprise en bonne surprise (la scénographie du Territoire japonais, celle d'Un ange passe, celle du Taptœ pour les masques de Jean-Claude Pollet, le Magic Mirror de la Toupine, Yed et Revital, etc.)

Et ainsi de suite, jusqu'à boucler un tour d'horizon de bonne taille, dans lequel on se gardera d'omettre Gioco Vita, Nevil Tranter et Massimo Schuster.

Enfin, on le sait, à l'heure des bilans, c'est toujours sur les bénévoles de la billetterie que des gens payés à ne rien faire tombent à bras raccourcis.

Aussi, si quelqu'un demande : « Où est le bénévole de la billetterie ? », on répondra : « Il est sur ses gardes… »

[1997]

Scrtchhh… - Projet de fin d'études de Cécile Doutey, Esnam 7ᵉ promotion 2008.

Ulysse et moi - Atelier-spectacle dirigé par Christian Carrignon, Esnam 6e promotion, 2004.

L'intruse - Projet collectif, Esnam 6ᵉ promotion, 2004.

Compagnie Les Quatre Saisons - Festival Mondial des Théâtres de Marionnettes - Charleville-Mézières 2006.

Le Grand Marionnettiste - Création de Jacques Monestier sur le thème de la légende des Quatre Fils Aymon. Financé par une souscription auprès des sociétés et des habitants de Charleville-Mézières (1991).

Le Grand Marionnettiste - Création de Jacques Monestier - Maquette - Musée de l'Ardenne, Charleville-Mézières.

Des corvées

Faut-il que le cynisme et la méchanceté, l'aveuglement, la bêtise, l'aigreur, s'infiltrent partout pour que des gens aussi bienveillants que des progressistes ardennais se réjouissent de ce que, pour la première fois depuis sa plus haute antiquité, le festival soit, je cite : « dispensé de corvée de Ministre ».

Corvée de Ministre ! La liberté d'expression est tombée irrécupérablement bas pour qu'ose se proférer un blasphème aussi sordide. Au pied de la statue du fondateur de la ville. En plein jour. Au soleil. Devant un groupuscule de sept personnes, toutes diplômées, cultivées, connues ordinairement pour leur sobriété. (Et pour des mœurs politiques dont, hélas, on subodore maintenant que l'humanisme gourmet ne dissimulait, en fait, rien de moins décevant qu'une inclination intime, vulgaire et sans ambition, pour les œufs de lump.)

Soyons donc réalistes. Fin septembre, les ministres, c'est comme les champignons : il y a des années avec et il y a des années sans. C'est dans la nature des choses, et la nature est plus forte que nos plaintes. Par conséquent, toute parole amère, toute réaction de dépit, s'élève en vain.

Toutefois, consolation, ce qui est sûr et vérifié, pour les ministres comme pour les champignons, c'est que là où il y en a eu, il y en aura encore.

Ceci compensant cela, et pour ne pas changer de sujet, il est à noter que, cette année, les toilettes ducales restent ouvertes pendant les dimanches de festival. Il y a trois ans, dans une assez jolie envolée diurétique, nous nous étions scandalisés de trouver close la porte de cet établissement à une heure de l'après-midi où les moussaillons biéreux commencent à être confrontés à des urgences de la plus calamiteuse espèce.

Aujourd'hui, je me félicite d'avoir été le porte-parole de ces souffrances indues. Il y a de grandes causes, il y a des causes justes. Il est plus rare qu'il y en ait, comme celle-là, qui soient à la fois justes et grandes. Dimanche dernier, certains festivaliers en avaient les larmes aux yeux, de gratitude vésicale, et ils en furent soulagés deux fois plus vite.

Rétrospectivement, on frémit à l'idée de ce qui se serait passé, il y a trois ans, pour l'image de marque de la ville, si le Ministre avait manifesté le souhait d'exprimer ce que son chef de cabinet ne peut exprimer à sa place.

Pour le coup, cette année on respire.

[1997]

Marionnettes d'Otello Sarzi - Exposition au musée de l'Ardenne
Festival Mondial des Théâtres de Marionnettes - Charleville-Mézières 2003.

Lancement des Marionnettes en Jardin - Charleville-Mézières 2005.

Désirs d'Orient - Compagnie Optimum - Marionnettes en Jardin - Charleville-Mézières 2003.

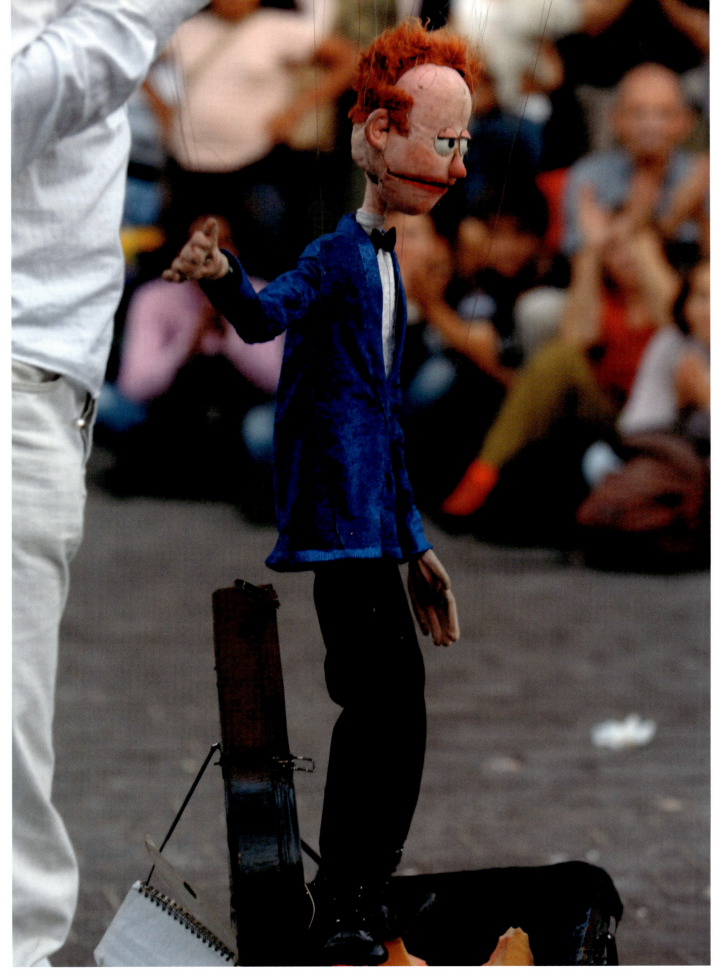

Mister Barty - Alex Barty - Festival Mondial des Théâtres de Marionnettes - Charleville-Mézières 2006.

Festival Mondial des Théâtres de Marionnettes - Charleville-Mézières 2006.

Slack - Solo de Perrine Cierco, Esnam 7ᵉ promotion, 2007.

Mandalay marionnettes - Birmanie - Festival 2003.

L'envers des ombres - Stage professionnel dirigé par Luc Amoros.
Institut International de la Marionnette, 2004.

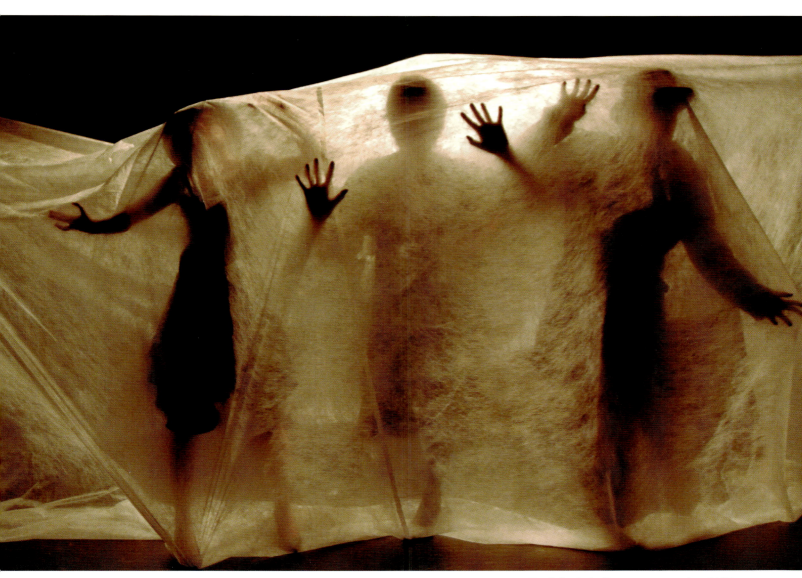

Ulica Krokodyli - Spectacle de fin d'année mis en scène par Frank Soehnle, Esnam 7e promotion, 2007.

Les boules

Il n'est pas toujours facile de vivre sans inquiétude. Tout a l'air de bien se passer pourtant. Trop bien, peut-être. Trop bien, sans doute.

Alors, on se pose des questions : pourquoi le soleil n'arrête-t-il pas de briller depuis le début du festival ? Ce n'est pas tout à fait normal, tant de lumière et tant de chaleur, statistiquement. Il se passe quelque chose.

Et tous ces journalistes. Des dizaines. Cent cinquante. Peut-être deux cents. Les radios. Les télévisions. On n'a jamais vu autant de camescopes. On se croirait en Vendée, pendant les vacances, au camping des Beaux-Frères. Qu'on ne me dise pas qu'ils s'intéressent au fait que le soleil semble s'être oublié sur les Ardennes…

Peut-être viennent-ils enregistrer l'évolution lexicale des artistes. Ces derniers ont appris à se vendre. Avec des mots subventionnés. Pour la première fois depuis toujours, un marionnettiste m'a parlé de son spectacle comme d'un «bon produit culturel». Ce ne sont pas des expressions du monde naïf, dont nous sommes encore. Par pudeur, on n'est pas tenu de comprendre. Mais tout ce qu'on ne comprend pas ajoute à l'inquiétude ambiante.

D'habitude, tous ces gens ne déplacent leurs micros et leurs stylos que pour des causes d'une gravité certifiée. Souvent même pour des raisons tristes. Les catastrophes conjugales. Les accidents de princesse. Les malheurs de Sophie. Aujourd'hui, on ne se promène donc plus en ville sans avoir la gorge serrée, à tout hasard.

Dans cette atmosphère bilieuse, tout le monde se demande derrière quel enterrement se presse la multitude médiatique. La rumeur est au courant, plus ou moins, et ce courant roule dans ses flots bavards les cadavres de bien des spectacles, de bien des illusions, quelques débris de structures, des épaves d'organisation, des bouts de logistique. Mais pas plus que les années précédentes. Pas moins non plus. Alors quoi ? Question sans réponse. Angoisse.

Journalistes, grands reporters, baroudeurs, leur présence sur le théâtre des opérations ne s'expliquerait-elle pas d'abord par le fait qu'ils ont découvert cette orgueilleuse et illustre réalité : «Charleville-Mézières est à deux heures de Paris.» Comme Sarajevo. Les boules.

[1997]

Diaphanie ou les mémoires d'une fée - Barbara Melois..

L'appartemental - Spectacle de fin d'études mis en scène par Terry Lee, Esnam 6ᵉ promotion, 2005

Je garde le silence - Solo de Aurélie Hubeau, Esnam 6ᵉ promotion, 2005.

Stage dirigé par Stephen Mottram, Esnam 7ᵉ promotion, 2007.

Mes choses favorites - Javier Svedsky - Festival 2003.

Ulysse et moi - Atelier-spectacle dirigé par Christian Carrignon, Esnam 6ᵉ promotion, 2004.

Ulysse et Moi - Christian Carrignon - Esnam 6e promotion 2004.

Un ange passe… - Compagnie Inko'nito - Festival Mondial des Théâtres de Marionnettes - Charleville-Mézières 2006.

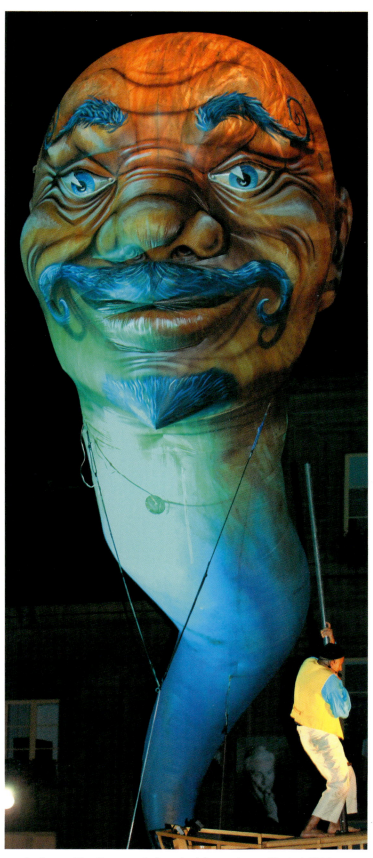

La 8ᵉ merveille - Compagnie Les plasticiens volants - Festival 2006.

Le Golem - Mise en scène David Girondin Moab - Compagnie Pseudonimo - ESNAM 2004.

L'homme qui fait le soleil - Spectacle de fin d'année mis en scène par Roland Shön, Esnam 7e promotion, 2007.

Théâtro Mikropodium - Festival Mondial des Théâtres de Marionnettes - Charleville-Mézières 2000.

Carnet de doute

Ce n'est pas la première fois qu'on se quitte fâchés. Tous les trois ans, sur les fins de septembre, le mou s'installe dans la ficelle, tout le monde dit du mal de tout le monde. Cette année, la chaleur rend les méchants plus méchants encore. On n'arrête pas le progrès.

C'est enivrant aussi, de dire du mal. Surtout à jeun. D'autant que les motifs ne manquent pas. Et ils sont si valables que les mauvaises langues se donnent raison à peu de frais.

On a le choix entre les classiques du blâme (la programmation, l'hébergement), les incontournables de la détestation (la billetterie, le bénévolat), une formule de déploration désormais machinale comme un plat du jour (« Il n'y a plus de marionnettes ! »). Et, en matière de reproche raffiné, une innovation qui a tout de même mis beaucoup de temps avant d'être opérationnelle : l'âge du capitaine et celui des matelots.

Vu d'une terrasse de bistrot, dans la nonchalance d'un après-midi ducal, ce festival n'apparaît pourtant pas aussi mélancolique que le proclament ses contempteurs. Il a seulement pris une tournure sérieuse.

Aujourd'hui, c'est un événement qui se présume des responsabilités universelles. Il évite le débraillé, les débordements, la liberté, les caprices. Il ne parvient plus à se détacher de l'actualité, des soucis de la planète, de l'économie, de la politique, du rapport qualité/prix, de l'efficacité. C'est une succursale des Ministères. Il s'applique à être respectable, déférent, prudent, raisons pour lesquelles il semble être devenu infertile.

Cependant, au-delà de ces piètres apparences, ce n'est pas le festival qui est triste, mais cette fin de siècle qui ne sait pas quoi faire d'elle-même. Le festival de Charleville, qui fut jusqu'il y a six ans un moment de grâce absolue, s'est laissé rattraper par son temps. On ne sait pas s'il serait convenable de s'en montrer navré.

Pour dire la vérité, cette année a compté au moins une dizaine de spectacles d'une qualité vertigineuse. Ce qui est dans la moyenne des éditions précédentes.

Après onze festivals, la plupart d'entre nous ont fait le tour du sujet. Le plaisir de la découverte s'émousse. On doute. On fait la fine bouche. C'est quand il est repu que le chat dit que le derrière de la souris sent mauvais.

[1997]

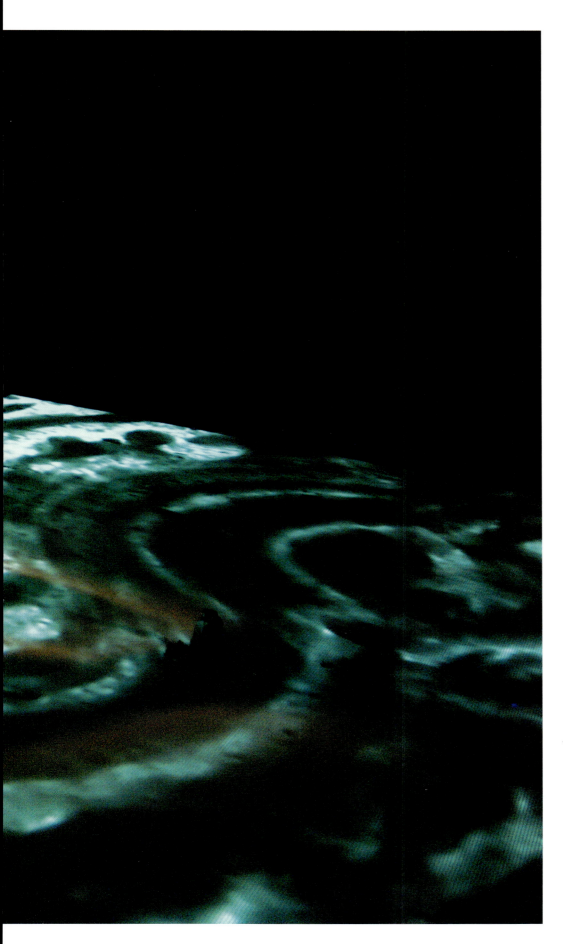

Black Box
Judith Nab,
Théâtre Espace.
Co-production Théâtre
Espace/Institut International
de la Marionnette, 2006.
Spectacle présenté lors du
Festival Mondial des
Théâtres de Marionnettes
de Charleville-Mézières,
Grand Magasin Troussel,
septembre 2006.

Wango-Lamogoya - Compagnie africaine du Burkina-Fasso - Festival 2003.

L'envers des ombres - Stage professionnel dirigé par Luc Amoros.
Institut International de la Marionnette, 2004.

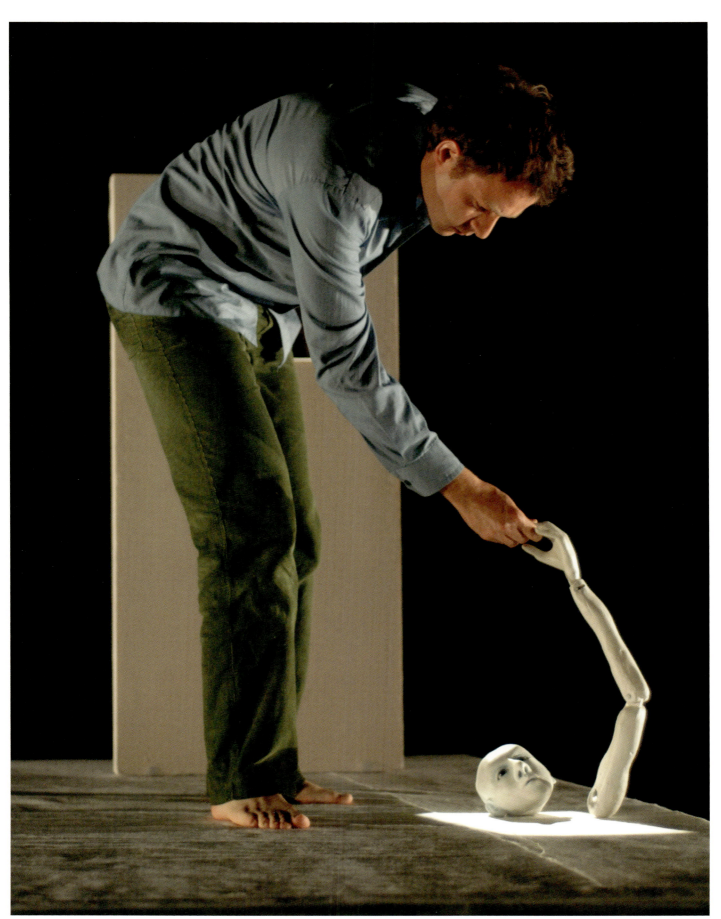

Mitoyen - Mise en scène Renaud Herbin, Compagnie Là où marionnette contemporaine, spectacle présenté lors du Festival Mondial des Théâtres de Marionnettes de Charleville-Mézières, Théâtre de l'Institut International de la Marionnette, septembre 2006

Festival Mondial des Théâtres de Marionnettes - Charleville-Mézières 2000.

Quartiers chauds

Certains esprits voyageurs, déraisonnablement tourmentés par le stupre, se montrent inconsolables parfois en insinuant que, contrairement à d'autres festivals prestigieux, celui de Charleville-Mézières manquerait de chair facilement abordable. Ici, pas de starlettes, disent-ils, pas de danseuses légères, pas de dames coopératives.

La critique est imméritée, car il suffit de piétiner un moment le trottoir de la grand-rue pour s'assurer qu'il n'a rien à envier, thermiquement parlant, à ceux des autres villes festivalières. Il est chaud. Il brûle.

Évidemment, si on veut tisonner le brasier, il faut savoir faire l'effort de se pencher un peu sur l'enfer. Et alors, on découvrira qu'ici comme ailleurs les starlettes fleurissent et se dandinent sur des airs de rumba, avec l'espoir d'attirer l'œil du producteur qui leur proposera un rôle intéressant. Elles se moulent dans des poses lascives et se désarticulent les membres avec une détermination qui manifeste à l'évidence qu'elles sont prêtes à tout pour qu'on les remarque.

On pourra voir aussi, dans des vitrines sans carreau, des filles culs-de-jatte que des messieurs font rire aux éclats en les chatouillant avec des manières sournoisement gynécologiques. Je confesse avoir passé d'assez délicieux moments à contempler ces ébats pleins de bonne santé. Chacun ses vices.

Et puis, il y a celles qui se vendent au premier venu, à des prix poignants, ces poules aux pieds-plats, au corps filiforme et aux prétentions médiocres, croupionnent maigrement devant des assemblées de chalands émoustillés, qui finissent toujours par mettre la main à la poche. Le commerce est prospère. Même les horreurs poilues qui se convulsionnent au bout d'un triple élastique trouvent preneur.

Mais il y a mieux. À un certain endroit, une sorte de dame interlope fait se locher, à des fins mercantiles, une demi-douzaine de filles aux charmes agricoles. Elle invite le passant à les essayer. Il n'a qu'à tendre la main. Les chèques sont acceptés.

Voilà démontré, j'espère, qu'il ne manque à « notre » festival aucun de ces attraits subsidiaires qui font un vrai grand festival. En douter serait, d'ailleurs, méconnaître le tempérament des Ardennais, dont il est de notoriété qu'ils brament en toute saison, jusqu'à un âge avancé.

[1997]

La Case - Parade finale - Festival Mondial des Théâtres de Marionnettes - Charleville-Mézières 2006.

Festival Mondial des Théâtres de Marionnettes - Charleville-Mézières 2000

Le remède de Polichinelle, compagnie La Pendue, 2006.

La conquête du Pôle Sud - Mise en scène Jean-Louis Heckel, programme de création de l'Institut International de la Marionnette (IIM) Recherche/eXpérimentation, 2006.

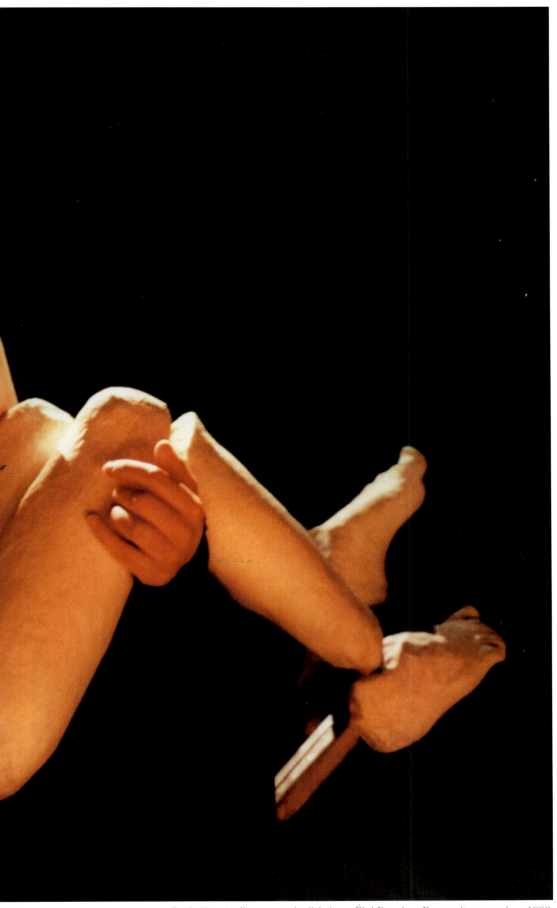

Penthésilée - Atelier-spectacle dirigé par Éloi Recoing, Esnam 4ᵉ promotion, 1998.

Festival Mondial des Théâtres de Marionnettes - Charleville-Mézières 2006.

Festival Mondial des Théâtres de Marionnettes - Charleville-Mézières 2006.

Au fil des ficelles

On n'imagine généralement pas à quel navrant supplice les journalistes se soumettent pour tenter de renouveler le contingent de métaphores destinées à évoquer d'une manière à la fois scrupuleuse, originale et poétique l'art si particulier de la marionnette.

Autant l'avouer d'entrée, les neuf festivals précédant celui-là ont épuisé la plupart des possibilités expressives. Et, qu'on le veuille ou pas, on verra refleurir dans les journaux et dans les commentaires de la télévision les mêmes allusions au fil et à la ficelle, ce qui, en un certain sens, assure une aristocratique continuité à la chose, tout en constituant, à la longue, sinon un genre, du moins un style.

En la matière, l'hégémonie du mot « fil » est tyrannique. Personne n'est à même de pouvoir se vanter d'avoir su y échapper. Ni les historiens (« La marionnette au fil du temps »), ni les diaristes (« La marionnette au fil des jours »), ni le critique (« Ce spectacle est dans le droit fil des précédents »), ni même le spectateur (« C'est cousu de fil blanc, cette histoire de marionnettes ! »), etc.

En trente ans, à Charleville-Mézières, il s'est dévidé un telle quantité de fil qu'on finirait presque par voir des filatures dans chaque bistrot, comme Rimbaud voyait des mosquées à la place des usines.

Quand au mot « ficelle », plus utilitaire, presque laborieux et qui fleure un peu le bricolage, il présente aussi quelques vertus, plus rares que celles de son illustre cousin, mais indispensable à ceux qui ne se cachent pas que le lieu commun reste le plus salvateur des procédés d'écriture.

Par conséquent, cette année, on tirera aussi les ficelles, on parlera encore des ficelles du métier. Et, bien sûr, on ne manquera pas d'en évaluer le calibre, pour la seule satisfaction de pouvoir écrire que celle-là, de ficelle, est un peu grosse.

Il ne reste plus, pour innover, qu'à demander aux boulangers de la ville de s'équiper d'une ficelle croustillante dans chaque main et de reproduire, dans le castelet de leur vitrine, ce tremblé vaguement parkinsonien qui est le pain quotidien des marionnettes à fils…

[1994]

Mandalay marionnettes - Birmanie - Festival Mondial des Théâtres de Marionnettes - Charleville-Mézières 2003.

Festival Mondial des Théâtres de Marionnettes - Charleville-Mézières 2006.

Festival Mondial des Théâtres de Marionnettes - Charleville-Mézières 2006.

Festival Mondial des Théâtres de Marionnettes - Charleville-Mézières 2003.

Lego - Solo de Polina Borisova, Esnam 7ᵉ promotion, 2007.

Festival Mondial des Théâtres de Marionnettes - Charleville-Mézières 2006.

Marionnette : Nuit grave à la santé

Si personne n'est obligé de haïr la marionnette, tout le monde devrait s'en méfier. Certains prétendent qu'on n'en meurt pas. Mais ils ont des intérêts dans cette délicate affaire et leur témoignage est sujet à caution.

On n'en meurt pas, c'est vrai. À condition de savoir s'arrêter à temps. Il faut toutefois se convaincre que la marionnette, comme la cigarette, induit une dépendance. C'est un stupéfiant. Sauf quand elle se revendique trop ouvertement culturelle. Alors, on dit que c'est un narcotique.

Ayant vécu ma jeunesse à Charleville, j'ai longtemps cru, à l'instar des Ardennais, être naturellement au-dessus des problèmes de santé. En effet, dans la poitrine du sanglier bat le cœur de l'Europe. Officiellement. Ce n'est pas rien.

Quand on a le poil dur et un cœur continental, qu'on résiste aux hivers en se bardant le torse avec des tranches de jambon de pays, qu'on soigne la tendinite du bûcheron en s'immergeant les coudes dans de l'eau-de-vie, on aurait tendance à se sentir en sécurité. D'autant que le risque de raz-de-marée demeure négligeable, même dans les Ardennes maritimes.

Bien sûr, voici un quart de siècle, de sinistre mémoire, la canicule a couché sur le flanc les trois-quarts de la population. Ce fut notre grippe espagnole. Vingt-cinq ans plus tard, le souvenir de cette catastrophe alimente encore la conversation et réactive des craintes, surtout les jours où il s'arrête de pleuvoir pendant plus d'une heure.

Mais, dans l'ensemble, ce pays apparaît comme un havre de paix, excepté pendant les guerres. Et pendant les festivals de marionnettes. Il ne coûte rien de dire qu'en termes de santé publique, les guerres seraient moins préjudiciables que les festivals de marionnettes.

Comme le Normand coupait le biberon de ses nourrissons avec du calva, pour les aguerrir aux choses de la vie, l'Ardennais fait baptiser ses enfants par des guignols et des pantins. En tout cas, pour moi, ça a commencé comme ça. Mes parents avaient été trompés par la propagande des pédagogues. La marionnette avait des « vertus éducatives ». Soi disant.

À l'époque, on ne savait pas tout. La science balbutiait. On croyait aussi, par exemple, pouvoir apprendre la mécanique quantique en laissant tourner un magnétophone sous l'oreiller. La suite a démontré qu'il n'était pas même possible de retenir une table de multiplication par ce moyen-là.

Funeste négligence, la marionnette, elle, a conservé sa réputation éducative et poursuit son œuvre d'intoxication de la jeunesse. S'instruire tout en se distrayant, dit-on. Grâce à la marionnette.

Pendant trente ans, je me suis gavé de marionnettes, j'ai fait vingt tours du monde sans quitter le département, et aujourd'hui je ne sais rien, ce qui s'appelle rien, même pas la date du fameux traité de Campoformio.

Pendant tout ce temps, je n'ai pensé qu'à la marionnette. La petite première du matin, avant le bol de café. La petite dernière du soir, avant des rêves de bouts de ficelle. À la fin, j'en étais à trois paquets par jour. Intoxiqué jusqu'à la moelle. Je tournais marionnette, c'est-à-dire loque humaine.

Entre les festivals, je visionnais les cassettes, je lisais les ouvrages, je me ruinais en revues. Un jour, j'ai pleuré toutes les larmes de mon corps parce que je n'avais pas réussi à trouver une place pour la dernière prestation de Triangel. J'aurai vendu ma maison pour revoir ce spectacle que j'avais déjà vu dix fois, au moins. J'aurais cédé mes droits civiques. J'aurais fait vœu de chasteté. Je me serais fait naturaliser hollandais.

C'est dire à quel point d'accoutumance j'en étais arrivé. Mon organisme intoxiqué de fond en comble. Je me saoulais au Björn Fühler, au Neville Tranter, au Henk Boerwinkel. J'avais appris par cœur tous les silences des spectacles de Philippe Genty et je pouvais les taire en y mettant le ton.

Pour faire bonne mesure, j'avais même envisagé d'apprendre quelques rudiments de tibétain et de japonais pour perfectionner l'ennui émerveillé dans lequel je baigne dès qu'un moine en peau de mouton se débat pour faire gonfler les grains de riz ou qu'un samouraï couvert d'aiguilles à tricoter met trois heures pour tuer sa femme parce que le thé était trop chaud. Ce sont des subtilités qu'on ne saisit que dans la langue du pays.

Quand j'ai voulu me graisser les cheveux au beurre de yak et me faire tatouer une marotte ukrainienne sur le nombril, j'ai commencé à comprendre que j'étais vraiment tombé malade et qu'il était plus que temps de réagir. J'ai demandé mon hospitalisation. À l'hôpital psychiatrique de Charleville.

Aussitôt, les créatures en blouse blanche qui me prenaient en charge m'ont dirigé vers le service «Marionnettes et thérapie». Ce fut une découverte effrayante, comme il n'y en a que dans les films. Un cauchemar. Un genre de machination mondiale où les forces maléfiques de la marionnette se combinent à celles de la psychiatrie. Voilà la vérité.

Vers la fin des années soixante, je m'étais souvent demandé pourquoi, dans un département si sain d'esprit, il se construisait un hôpital psychiatrique aux dimensions babyloniennes. Maintenant, je sais que les pouvoirs publics avaient anticipé l'ampleur que prendraient rapidement les arts de la marionnette à Charleville. Et les dommages que cela entraînerait.

Finalement, je m'en suis sorti. Je pourrais enjoliver l'histoire en racontant que je dois ma guérison à l'amour d'une femme, mais ce serait seulement de la littérature. En fait, le festival de Charleville coïncidant avec la pousse des cèpes de Bordeaux et la repousse éventuelle des girolles de Monthermé, j'ai pris l'habitude d'aller aux champignons pendant toute la durée du festival.

Désormais, je me porte bien. Mais à chaque fois que je vois quelqu'un agiter un chiffon, je sens que je ne suis pas à l'abri d'une rechute.

[2003]

Remerciements

Les Éditions Noires Terres remercient toutes les personnes et associations qui les ont aidées dans la réalisation de cet ouvrage et plus particulièrement Lucile Bodson, directrice de ESNAM, Aurélie Oudin et Céline Bourasseau, centre de documentation de l'IIM, Christophe Milhau, Sylvie Jupinet, Jean-Luc Félix, Alain Tourneux, Bernard Chopplet, Gilles Poupart et la MJC Gambetta à Charleville-Mézières.

Légendes des pages 26/27

1 - Bambara du Mali. XXe siècle. Marionnettes à tiges. Collection IIM.
2 - Japon, Grand théâtre d'Osaka. XXe siècle. *Bunraku. Personnage d'Osono.* Collection IIM.
3 - Vietnam. XXe siècle. Marionnette sur l'eau. Danseuse. Collection IIM.
4 - Birmanie. XXe siècle. Marionnette à fils. Collection IIM.
5 - Chine, Taïwan. Début XXe siècle. Marionnette à gaine. Collection IIM.
6 - France, XXe siècle. Marionnettes à gaine. *Théâtre de Guignol. Diable.* Collection IIM.
7 - Chine du Sud. XXe siècle. Marionnette à gaine. Collection IIM.
8 - Indonésie, Java, Cirebon. XIXe siècle. Wayang Golek (marionnettes à tiges). *Personnage de Demangan (général ou haut officier).* Collection IIM.
9 - Indonésie, Java centre, Surakarta. Fin XIXe siècle ou début XXe siècle. *Wayang Kulit (marionnette d'ombre).* Collection IIM.

Crédits photos *(pages)*
Pascal François : *54/55*
Angel GARCIA : *6 - 16 - 19 - 36 - 66 - 75 - 76/77 - 78 - 79 - 88 - 89 - 104/105 - 120/121 - 126 - 127 - 131 - 142 150/151 - 157 - 162 - 163 - 164*
Christophe LOISEAU : *4 - 18 - 21 - 24 - 25 - 29 - 39 - 40 - 41 - 47 - 50 - 52 - 56 - 64 - 65 - 68 haut - 69 bas 70/71 - 72 - 80 - 81 - 82 - 84 - 85 - 92 - 100/101 - 102 - 103 - 108/109 - 112 - 113 117 - 118 - 119 - 130 - 132 - 133 - 135 - 136 - 137 - 138 - 139 - 140 - 141 - 144 - 145 148/149 - 152 - 153 - 154 - 158 - 159 - 160/161 - 169 - 175*
Jean-Marie LECOMTE : *1 - 8 - 10 - 11 - 12 - 14/15 - 17 - 20 - 22/23 - 32 - 33 - 35 - 37 - 42 - 44/45 - 46 48/49 - 57 - 60 - 61 - 62/63 - 68 bas - 69 haut - 86/87 - 90 - 93 - 94 - 95 - 96 - 98 - 99 106 - 110 - 111 - 114/115 - 122 - 123 - 125 - 128 - 129 - 143 - 146 - 166 - 167 - 168 170*
Gavin GLOVER : *53 - 58*
Michel OZERAY : *26 - 27 - 28 - 31*

Tables des matières

Avant-propos .... p. 5

Faire durer le plaisir .... p. 7

Naissance du premier festival .... p. 13

Marionnettes du monde entier .... p. 26

Faits divers .... p. 34

Retour aux réalités .... p. 43

La marionnette aime lire .... p. 51

Pour Bergson .... p. 59

Mouvements de fonds .... p. 67

Professionnel de métier .... p. 74

Nouk qui tchoûle… .... p. 83

L'another town .... p. 91

Propos du dimanche .... p. 97

Notabene .... p. 107

Méthode .... p. 116

Des corvées .... p. 124

Les boules .... p. 134

Carnet de doute .... p. 147

Quartiers chauds .... p. 156

Au fil des ficelles .... p. 165

Marionnette : Nuit grave à la santé .... p. 171

Achevé d'imprimer
en août 2009.